새로 나온 《기탄한자》 –
어린이들로부터 사랑받는 학습지가 되겠습니다.

●《기탄한자》를 고대하신 여러분께 감사드립니다.

그 동안 《기탄수학》, 《기탄국어》 등의 교재를 사용해 보시고 《기탄한자》가 나오기를 고대하신 여러분들께 감사드립니다.
학부모님들의 열화 같은 요청에 의하여 오랜 연구와 각고끝에 드디어 《기탄한자》가 선을 보이게 되었습니다.
그 동안 저희 연구진이 할 수 있는 최선의 노력을 기울여서 만든 작품이니만큼 결코 실망시키지 않으리라 확신하며 사랑받는 학습지로 더욱 심혈을 기울여 나가겠습니다.

●한자를 모르고는 공부를 잘 할 수 없습니다.

학부모님들도 잘 아시다시피, 우리말의 약 70% 정도가 한자어로 구성되어 있으며 수학, 사회, 과학 등 각 교과서의 학습용어 대부분이 한자로 되어 있습니다.
따라서 한자를 초등 학교 저학년 때부터 미리 알면 어휘를 정확하게 이해하게 되어 언어생활을 바르게 할 수 있게 됩니다. 뿐만 아니라 다른 교과의 내용도 심도 있게 이해할 수 있는 기초 능력을 길러 주게 되어 저절로 성적이 쑥쑥 향상될 수 있습니다.
한자를 모르고는 결코 좋은 성적을 내기가 어렵습니다.

●이제 한자 학습은 필수! 《기탄한자》로 시작해 보십시오.

21세기는 세계의 중심축이 한자 문화권에 놓이게 될 것입니다. 따라서 공통문자 또는 국제문자로서의 한자의 역할이 증대될 것입니다. 《기탄한자》는 이러한 국제 사회의 흐름에 발맞추어 한자를 쉽고 재미있게 정복할 수 있도록 9단계 교재로 엮어 놓았습니다.
적은 비용으로 최고효과를 거둘 수 있도록 기획된 《기탄한자》, 지금 곧 시작해 보십시오.

《기탄한자》-
개인별 · 능력별 프로그램식 학습교재입니다.

1 모두 9단계의 교재로 만들었습니다.

《기탄한자》는 A단계에서 I단계까지 총 9단계로 구성된 학습지입니다.
각 단계는 모두 4권으로 4개월 동안 학습할 수 있게 구성되어 있으며, A단계부터 I단계까지 모두 36권으로 36개월(3년) 정도가 소요됩니다.

2 1주일에 4자씩, 1달에 16자, 1년에 200여 한자를 익힐 수 있습니다.

《기탄한자》는 1주일에 4자씩 새로운 한자를 익히게 구성되어 있어서, 1달 과정이 끝나면 16자의 한자를 익힐 수 있습니다.
한 단계는 4권으로 구성되어 있어 모두 600여 한자를 학습할 수 있습니다.
※ G~I단계에는 한 주에 5자씩 수록되어 있습니다.

3 기초한자 학습부터 한자급수시험까지 상세하고 완벽하게 대비하였습니다.

《기탄한자》의 총 9단계 중 A~C단계 교재는 새로이 발표된 교육부 선정 한자를 위주로 하여 초등 학교 저학년 어린이들에게 필요한 기초 생활한자를, D~F단계 교재는 초등 학교 고학년 어린이들에게 필요한 기초 생활한자를 익힐 수 있도록 구성되어 있으며, G~I단계 교재는 한자급수시험 대비를 겸하여 꾸며져 있습니다.

4 부담없는 반복 학습으로 효과가 확실합니다.

《기탄한자》는 매주 부담없게 4~5자씩 새로운 한자를 익히며 그 동안 배운 한자를 다양한 학습 방법을 통하여 반복해서 익힐 수 있도록 재미있게 구성하였습니다.

■ 기탄한자 단계별 학습내용 ■

단계	학습내용
A~C단계	초등 학교 저학년에게 필요한 교육부 선정 한자 192자 및 부수 학습
D~F단계	초등 학교 고학년에게 필요한 교육부 선정 한자 192자 및 부수 학습
G~I단계	교육부 선정 240자 위주. 한자급수시험 대비

《기탄한자》는 치밀하게 계산된 학습 시스템으로 일반 학습 교재와는 전혀 다릅니다.

1 자신감이 생기는 학습

한자문맹 「흔들리는 교육」이란 제목 하에 우리 나라 최고 명문대에서 학생들이 한자를 제대로 알지 못해서 수업이 제대로 되지 못한 사건이 발생했다고 신문에 기사화 되어 충격을 준 적이 있습니다.
현재 대부분의 학생들은 물론 일반인들까지 부모나 형제 자매의 이름을 제대로 쓰는 사람이 드물다는 것이 전문가들의 대체적인 시각입니다.
《기탄한자》로 지금 시작해 보십시오.
초등 학교 때부터 하루 10분 정도만 학습하면 한자가 익숙해져 자연스럽게 한자문맹에서 해방됩니다. 초등 학교 때부터 자연스럽게 신문이나 잡지도 볼 수 있게 되어 자신감이 생기고 따라서 성적도 쑥쑥 올라가게 됩니다.
《기탄한자》, 자녀에게 자신감을 키워줍니다.

2 올바른 학습 습관이 생기는 학습

《기탄한자》는 어린이들에게 한자학습이 재미있고 흥미로운 것이라는 인식을 심어줄 수 있도록 다양한 형식과 체제로 구성하였습니다. 따라서 가정에서는 어린이의 생활습관을 규칙적으로 꾸며 가도록 지도해 주시는 것이 중요합니다.
《기탄한자》로 매일 일정한 시간에 일정량을 꾸준히 공부하다 보면 생활 리듬이 일정해져 공부시간도 틀에 잡히고 효과적인 학습도 가능해져 '몸에 맞는' 올바른 학습습관이 생기게 됩니다.

3 집중력이 생기는 학습

공부는 많이 하는데 성적이 오르지 않는 어린이는 집중력이 약하기 때문입니다.
《기탄한자》는 매일 2~3장을 10분안에 학습하는 훈련을 반복함으로써 자연스럽게 집중력이 최고로 강화될 수 있도록 하였습니다.
《기탄한자》는 매일 10분 학습으로 집중력을 길러주는 학습 시스템입니다.

4 창의력이 생기는 완전학습

창의력이란 아무것도 없는 데서 새로운 것을 찾는 능력이 아니라 이미 알고 있는 것에서 조금 다른 것을 찾는 능력이라고 합니다.
이러한 창의력은 어떻게 생길까요? 바로 다양한 체험을 통해서 가능해집니다.
《기탄한자》는 다양한 학습체험을 통해 읽고, 쓰고, 깨달음으로써 자연스럽게 창의력을 키워주어 완전학습으로 나가게 해줍니다.

교재 학습 방법

1 교재 선택

처음 한자 학습을 시작하는 어린이는 교재의 첫부분 A단계부터 시작해 주십시오.

그 동안 한자 학습을 진행한 어린이는 자신의 능력과 수준에 맞추어 교재를 선택하되 학습자의 능력보다 약간 낮은 단계부터 시작하는 것이 효과적입니다. 학습자의 능력보다 수준이 높은 교재를 선택하면 공부에 흥미를 잃어 중도에서 포기하기 쉽습니다.

2 교재 활용

교재는 한 권이 4주분으로 한 달간 학습할 수 있도록 편집되어 있습니다. 교재를 구입하시면 주저하지 마시고 먼저 1주일 분량씩 분리해서 매주 1권씩 어린이에게 주십시오. 한꺼번에 교재를 주면 어린이가 부담스러워 학습을 미루거나 포기하기 쉽습니다(교재가 잘 나누어지도록 제작되어 있음).

3 교재 학습

매주 새로운 한자를 4~5자씩 배울 수 있게 계획되어 있습니다. 매일 일정한 시간을 정해놓고 하루에 2~3장씩 10분 정도 학습할 수 있게 지도해 주십시오. 매일 배운 한자를 여러 형태로 음과 뜻, 짜임, 활용 등을 활용 반복해서 학습할 수 있게 되어 있으므로 밀리지 않고 차근차근 따라하면 기초한자를 쉽게 정복할 수 있습니다. 어린이의 학습의욕과 성취도에 따라 학습량을 조절해 주시되 무리하게 학습을 시키지 않도록 유의해 주시고 스스로 공부하는 바른 습관이 붙도록 해 주십시오.

4 자녀의 학습 관리

어머니는 이 세상의 그 어느 선생님보다도 더 훌륭한 최상의 선생님으로 어머니의 사랑으로 자녀를 가르칠 때 그 효과가 가장 높다는 것이 교육학자들의 일반적인 견해입니다. 자녀들이 학습한 내용들을 일 주일에 한 번씩 날짜를 정해놓고 5~10분간만 투자해서 확인해 주시고 관심을 보여 주십시오. 그리고 칭찬해 주십시오. 칭찬을 잘 하는 어머니가 공부를 잘 가르치는 최고의 선생님이란 것을 잊지 마십시오. 어머니의 관심도에 비례해서 자녀의 한자실력이 쑥쑥 자라난다는 것도 잊지 마세요.

학습을 시작하기 전에 꼭 읽어 주세요

다음에 소개되는 내용을 꼭 외울 필요는 없습니다.
금방 이해가 가지 않는 내용도 있을 것입니다.
그러나 교재를 풀다 보면, '아하! 그 말이었구나.' 하고
느끼면서 저절로 알게 될 내용들입니다.
그러나 중요한 것이라서 자주 보고 읽어 두어야 합니다.
그래야만 한자를 쉽게 익힐 수 있으니까요.

1. 한자의 3요소

한자는 3가지 중요한 것으로 구성되어 있습니다. 한자 공부를 잘 하려면 이 3가지를 항상 같이 익혀야 합니다.

(1)한자의 뜻(훈) (2)한자의 소리(음) (3)한자의 모양(형)

山 한자의 모양(형)	한자의 뜻(훈)	메(산의 옛말)
	한자의 소리(음)	산

2. 한자는 이렇게 만들어졌다.

모든 한자는 크게는 3가지, 작게는 6가지 원칙으로 만들어진 글자입니다.

(1) 기본 한자

1)눈에 보이는 사물을 본떠서 만들었습니다.
날 일(日) 등이 그러합니다.

2)눈에는 보이지 않지만, 뜻을 부호로 표시했습니다.
한 일(一), 위 상(上) 등이 그러합니다.

(2) 합쳐서 만든 한자

1)이미 만들어진 사물 모양의 한자들을 합쳐서 만들었습니다.
동녘 동(東), 수풀 림(林) 등이 그러합니다.

2)사물 모양의 한자와 부호 한자를 합쳐서 만들었습니다.
한자의 음(소리)은 합쳐진 한자 중 하나와 같습니다.
물을 문(問), 공 공(功) 등이 그러합니다.

(3) 운용 한자

1)어떤 한자에 다른 뜻과 다른 소리를 내도록 만든 한자로서
원래 한자의 뜻과 관계가 있습니다.

예 惡이란 한자는 원래 '악할 악' 자입니다. 그러나 악한 사람들을 모두가 미워한다는 뜻으로 '미워할 오' 자로도 씁니다.

2)외국어로 표기할 때 원래의 뜻과는 아무 상관 없이 비슷한 한자로 표시합니다.

예 미국을 한자로 美國이라고 쓴 이유는 美國이 중국말로 '음메이꿔' 라는 소리가 나기 때문입니다. 즉 '아메리카' 라는 발음이 가장 가까운 것이 美國이란 한자입니다.

3. 획이란 무엇인가요?

펜을 떼지 않고 한 번에 쓸 수 있는 점이나 선을 획이라고 합니다. 한자의 획수란 그 한자의 총 획이 몇 번인가를 말합니다.
획수는 한자 사전에서 모르는 한자를 찾을 때 다음에 소개할 부수(部首)만큼 중요한 것입니다.

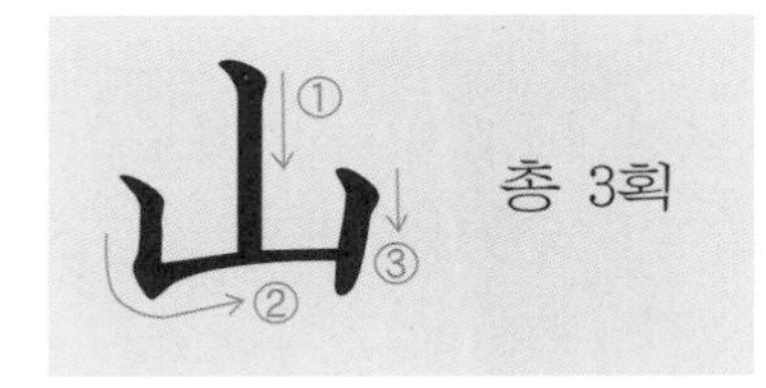

4. 부수(部首)를 알면 한자가 보인다.

(1) 부수(部首)란 무엇인가?

앞으로 이 책에는 부수(部首)란 말이 매우 많이 나옵니다. 그만큼 한자에서는 부수(部首)가 중요하다는 뜻이겠지요? 그렇다면 부수(部首)란 도대체 무엇일까요?

부수(部首)란 합쳐서 만들어진 한자 중에서 서로 공통되는 부분을 말합니다.

예를 들어, 큰산 악(岳), 언덕 안(岸), 봉우리 봉(峰), 고개 현(峴) 등에는 공통적으로 메 산(山)이 들어 있지요? 그리고 예를 든 모든 한자가 산(山)과 관계가 있음을 알 수 있습니다.

(2) 부수(部首)의 종류

부수(部首)는 놓이는 위치에 따라서 그 이름이 달라집니다.

변

한자의 왼쪽에 위치한 부수를 변이라고 합니다.

예) 바다 해 海(氵물 수변, 삼수변)

방

한자의 오른쪽에 위치한 부수를 방이라고 합니다.

예) 고을 군 郡(阝우부방)

머리
한자의 위쪽에 위치한 부수를 머리라고 합니다.
예) 편안할 안 安(宀 갓머리, 집 면)

엄
한자의 위에서 왼쪽 아래로 걸쳐진 부수를 엄이라고 합니다.
예) 사람 자 者(耂 늙을 로엄)

발
한자의 밑에 위치한 부수를 발이라고 합니다.
예)충성할 충 忠(心 마음 심발)

받침
한자의 왼쪽에서 아래로 걸친 부수를 받침이라고 합니다.
예) 멀 원 遠(辶 책받침)

에울몸
한자의 전체를 에워싸고 있는 부수를 에울몸이라고 합니다.
예) 넉 사 四(囗 에울 위, 큰입 구몸)

제부수
그 한자의 자체가 부수인 것을 제부수라고 합니다.
예) 높을 고 高(高 높을 고부수)

개인별 · 능력별 학습 프로그램

C 단계 교재 C61a-C75b

이번 주에 배울 한자

河	江	海	洋
물 하	강 강	바다 해	큰 바다 양

금주평가	읽기	쓰기	이번 주는?
	Ⓐ 아주 잘함	Ⓐ 아주 잘함	· 학습방법 ① 매일매일 ② 가끔 ③ 한꺼번에 - 하였습니다.
	Ⓑ 잘함	Ⓑ 잘함	· 학습태도 ① 스스로 잘 ② 시켜서 억지로 - 하였습니다.
	Ⓒ 보통	Ⓒ 보통	· 학습흥미 ① 재미있게 ② 싫증내며 - 하였습니다.
	Ⓓ 부족함	Ⓓ 부족함	· 교재내용 ① 적합하다고 ② 어렵다고 ③ 쉽다고 - 하였습니다.

♣ 지도 교사가 부모님께	♣ 부모님이 지도 교사께

종합평가	Ⓐ 아주 잘함	Ⓑ 잘함	Ⓒ 보통	Ⓓ 부족함

원교 반 이름 전화

기초 탄탄한 교육 · 기초 탄탄한 학습
G 기탄교육
www.gitan.co.kr/ (02)586-1007(대)

지난 주에 배운 한자를 다시 한 번 써 보세요.

뜻 의	뜻 의	뜻 의	뜻 의	뜻 의
意				

뜻 지	뜻 지	뜻 지	뜻 지	뜻 지
志				

이룰 성	이룰 성	이룰 성	이룰 성	이룰 성
成				

공 공	공 공	공 공	공 공	공 공
功				

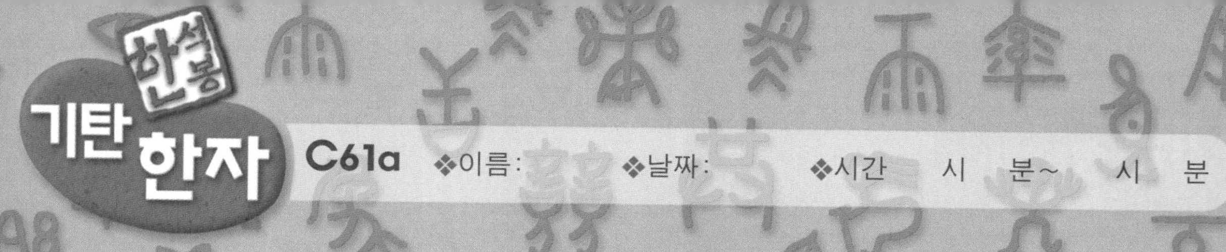

이번 주에 배울 한자를 큰 소리로 읽어 보세요.

물 하(河)에 대해 알아봅시다.

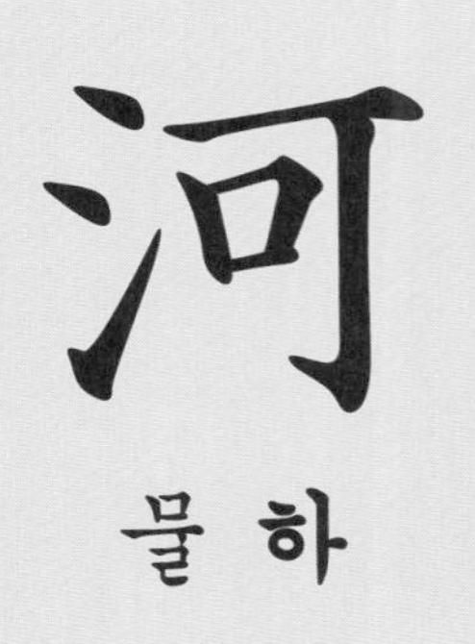

하라고 읽습니다.
물이라는 뜻입니다.

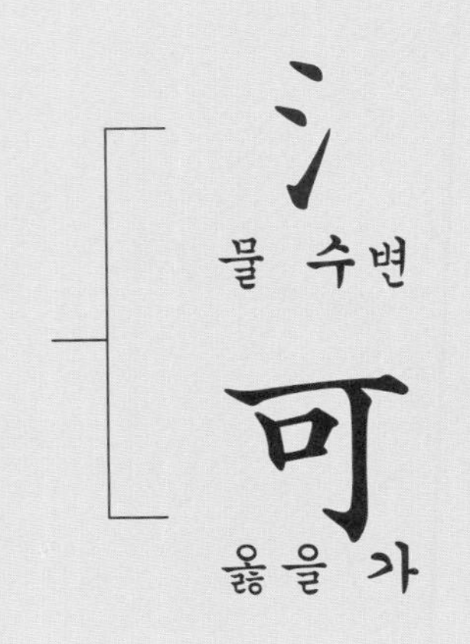

물은 옳은 길로 흘러갑니다.

● 빈 칸에 알맞은 글을 쓰세요.

河는 [ ] 라고 읽습니다.

[ ] 이라는 뜻입니다.

C62a ❖이름: ❖날짜: ❖시간 시 분~ 시 분

필순에 따라 河를 바르게 쓰세요.

총 8획

河 ①②③④⑤⑥⑦⑧	河	河	河	河
河	河	河	河	河

●뜻과 음을 소리내어 읽으면서 河를 쓰세요.

물 하	물 하	물 하	물 하	물 하
河				

●빈 칸에 알맞은 한자와 뜻, 음을 쓰세요.

河				물	하
한자	뜻	음	한자	뜻	음

C62b

글을 읽고, 河가 나오는 낱말을 알아봅시다.

금호강은 낙동강 河系(하계)에 속합니다.
모든 河川(하천)이 그러하듯이
낙동강 역시 많은 지류가
합쳐져서 흐르는 강입니다.
낙동강의 길이는 출발점인 강원도에서
그 끝인 부산의 河口(하구)까지
그 길이가 매우 깁니다.

●河系(하계):강의 본류와 지류를 모두 이르는 말 ●河川(하천):시내 또는 강
●河口(하구):강물이 바다나 호수로 들어가는 입구

빈 칸에 알맞은 한자를 쓰세요.

하	계	하	천	하	구
河	系	河	川	河	口
	系		川		口

흐린 글자를 따라 쓰면서 河를 익히세요.

河는 하라고 읽고, 물이라는 뜻입니다.

河는 물이란 위에서 아래로 바르게 흘러간다는 의미로 만들어진 한자입니다.

河의 획수는 총 8획입니다.

뜻과 음을 크게 읽으면서, 河를 쓰세요.

河					

河는 물 수변(氵) 부수의 한자입니다.

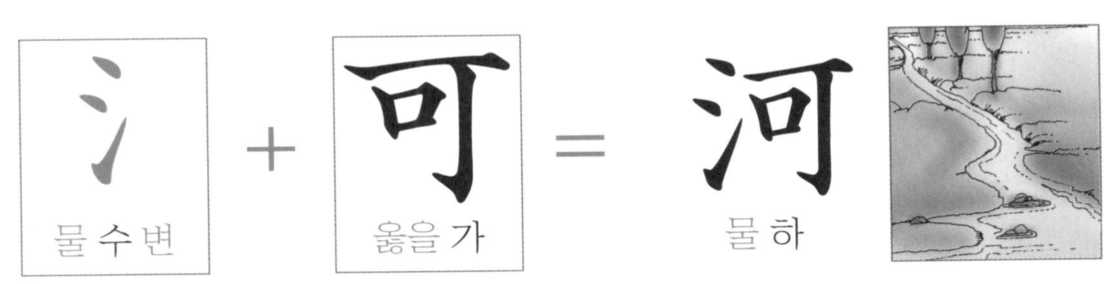

물이란 위에서 아래로 바르게 흘러간다는 뜻으로 만들어진 한자입니다.

한자의 음을 쓰고, 맞는 것끼리 연결하세요.

河系 (　　) •		• 강의 본류와 지류를 모두 이르는 말.
河川 (　　) •		• 강물이 바다나 호수로 들어가는 입구
河口 (　　) •		• 강 또는 시내

河가 들어간 낱말을 찾아 ○표 하세요.

河口　河川　成功　功德

 강 강(江)에 대해 알아봅시다.

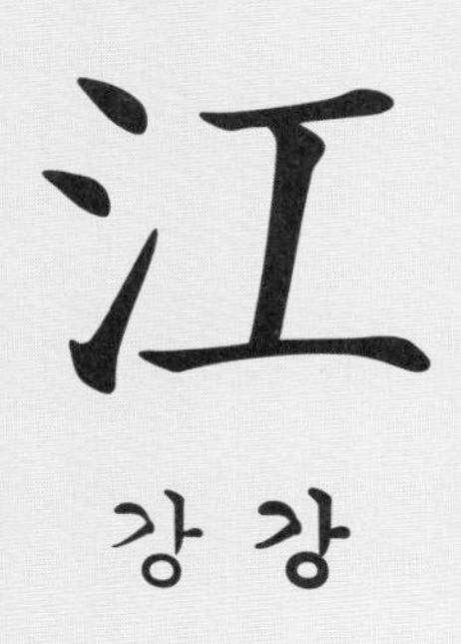

강 강

강이라고 읽습니다.
강이라는 뜻입니다.

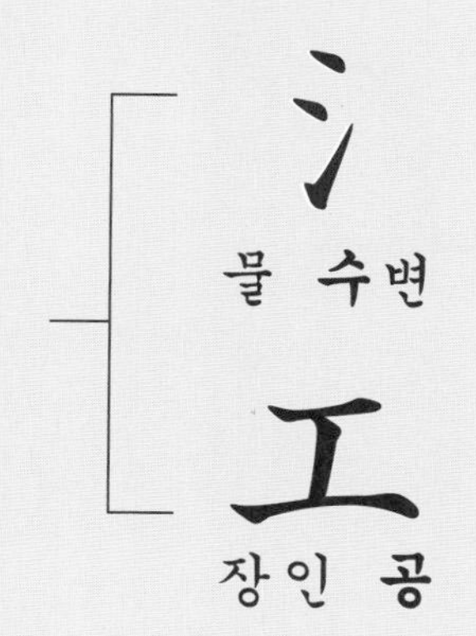

물이 흘러서 만들어진 것이 강입니다.

● 빈 칸에 알맞은 글을 쓰세요.

江은 ☐ 이라고 읽습니다.

☐ 이라는 뜻입니다.

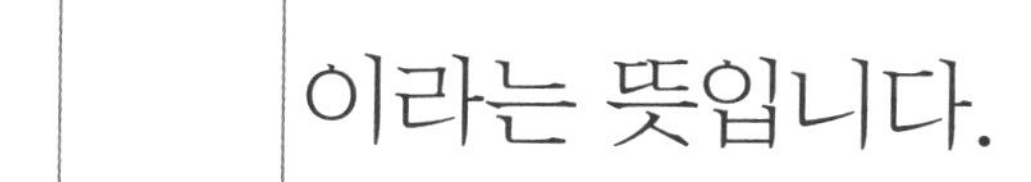

필순에 따라 江을 바르게 쓰세요.

총 6획

江	江	江	江	江
江	江	江	江	江

● 뜻과 음을 소리내어 읽으면서 江을 쓰세요.

강 강	강 강	강 강	강 강	강 강
江				

● 빈 칸에 알맞은 한자와 뜻, 음을 쓰세요.

江		
한자	뜻	음

	강	강
한자	뜻	음

글을 읽고, 江이 나오는 낱말을 알아봅시다.

우리 江山(강산)이 아름답구나.
철마다 그 빛깔을 달리하네.
봄날 江村(강촌)엔 아지랑이 피어 오르고
여름 산속엔 매미 소리.
가을 들판엔 황금 물결.
겨울 江口(강구)엔 철새가 날아오르네.

- 江山(강산):강과 산. 자연이라는 뜻
- 江村(강촌):강가의 마을
- 江口(강구):강의 어귀. 하구

빈 칸에 알맞은 한자를 쓰세요.

강	산
江	山
	山

강	촌
江	村
	村

강	구
江	口
	口

흐린 글자를 따라 쓰면서 江을 익히세요.

江은 강이라고 읽고, 강이라는 뜻입니다.

江은 장인이 물건을 만드는 것처럼 물이 강을 만들었다는 의미로 만들어진 한자입니다.

江의 획수는 총 6획입니다.

뜻과 음을 크게 읽으면서 江을 쓰세요.

江					

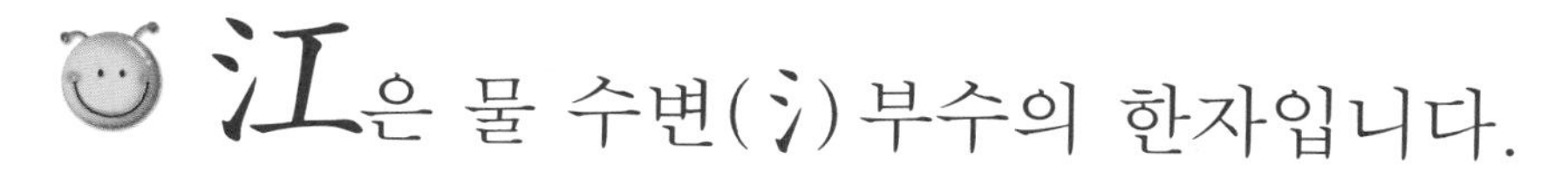

江은 물 수변(氵)부수의 한자입니다.

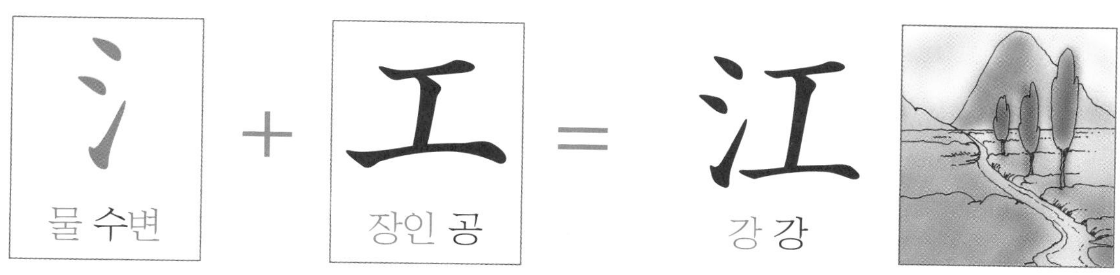

장인이 물건을 만드는 것처럼 물이 강을 만들었다는 뜻입니다.

한자의 음을 쓰고, 맞는 것끼리 연결하세요.

江山(　　) •	• 강의 어귀
江村(　　) •	• 강과 산. 자연이라는 뜻
江口(　　) •	• 강가의 마을

江이 들어간 낱말을 찾아 ○표 하세요.

河川　江村　江口　河口

바다 해(海)에 대해 알아봅시다.

해라고 읽습니다.
바다라는 뜻입니다.

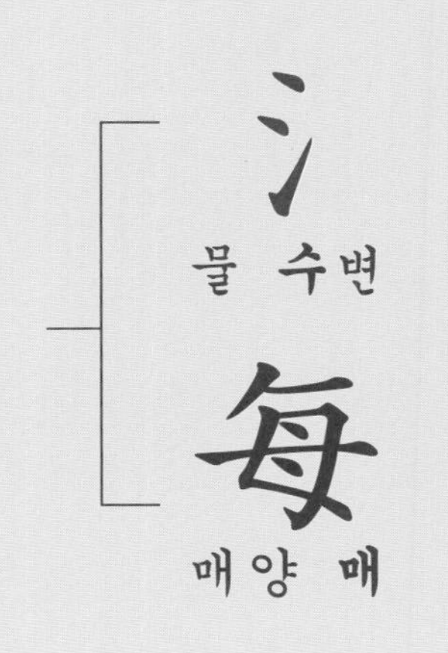

바다에는 매일 물이 마르지 않고 넘쳐납니다.

● 빈 칸에 알맞은 글을 쓰세요.

海는 [ ] 라고 읽습니다.

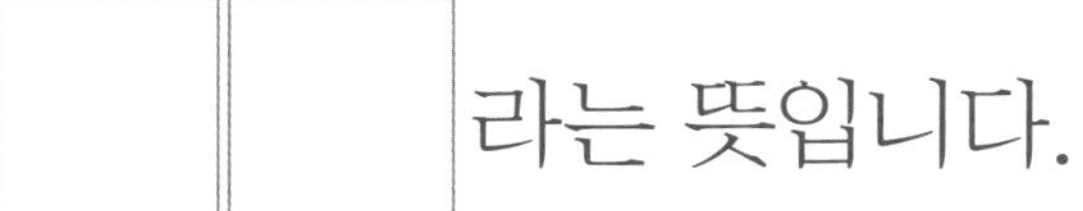
[ ][ ] 라는 뜻입니다.

필순에 따라 海를 바르게 쓰세요.

총 10획

海	海	海	海	海
海	海	海	海	海

● 뜻과 음을 소리내어 읽으면서 海를 쓰세요.

바다 해	바다 해	바다 해	바다 해	바다 해
海				

● 빈 칸에 알맞은 한자와 뜻, 음을 쓰세요.

海		
한자	뜻	음

	바다	해
한자	뜻	음

글을 읽고, 海가 나오는 낱말을 알아봅시다.

종국이의 아버지는 海軍(해군) 장교입니다.
그래서 늘 바다와 벗하면서 살고 계십니다.
일 년 중에 航海(항해)하는 날이
반을 넘습니다. 종국이는 아버지를
매우 자랑스러워 합니다.
어제는 아버지로부터 지금
東海(동해)에 계시다는 전화를 받았습니다.

- 海軍(해군):바다를 지키는 군인
- 航海(항해):배를 타고 바다에 다님
- 東海(동해):동쪽 바다

빈 칸에 알맞은 한자를 쓰세요.

해	군	항	해	동	해
海	軍	航	海	東	海
	軍	航		東	

흐린 글자를 따라 쓰면서 海를 익히세요.

海는 해라고 읽고, 바다라는 뜻입니다.

海는 매일 물이 가득한 바다를 나타낸 한자입니다.

海의 획수는 총 10획입니다.

뜻과 음을 크게 읽으면서, 海를 쓰세요.

海					

海는 물 수변(氵) 부수의 한자입니다.

매일 물이 가득한 바다를 나타낸 한자입니다.

한자의 음을 쓰고, 알맞은 뜻과 연결하세요.

海軍(　　)	• •	동쪽 바다
航海(　　)	• •	바다를 지키는 군인
東海(　　)	• •	배를 타고 바다를 다님

海가 들어간 낱말을 찾아 ○표 하세요.

海軍　江山　航海　江口

큰바다 양(洋)에 대해 알아봅시다.

양이라고 읽습니다.
큰 바다라는 뜻입니다.

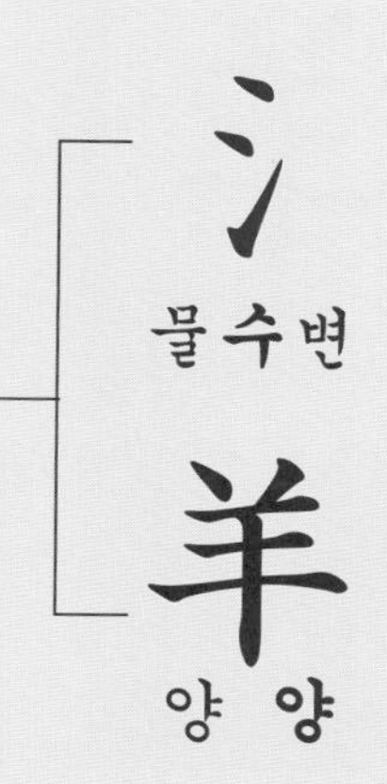

큰 바다가 마치 풀을 뜯는 양떼처럼 펼쳐져 있습니다.

● 빈 칸에 알맞은 글을 쓰세요.

洋은 ☐ 이라고 읽습니다.

☐☐☐ 라는 뜻입니다.

필순에 따라 洋을 바르게 쓰세요.

총 9획

洋	洋	洋	洋	洋
洋	洋	洋	洋	洋

●뜻과 음을 소리내어 읽으면서 洋을 쓰세요.

큰바다 양	큰바다 양	큰바다 양	큰바다 양	큰바다 양
洋				

●빈 칸에 알맞은 한자와 뜻, 음을 쓰세요.

洋		
한자	뜻	음

	큰바다	양
한자	뜻	음

글을 읽고, 洋이 나오는 낱말을 알아봅시다.

지구상에는 大洋(대양)이 다섯 개가 있습니다. 바로 태평양, 대서양, 인도양, 남빙양, 북빙양입니다. 특히 북빙양과 남빙양에서는 東洋(동양)은 물론 서양에서 온 많은 海洋(해양) 학자들이 바다의 자원을 활용하기 위해 연구하고 있습니다.

- 大洋(대양): 넓고 큰 바다
- 東洋(동양): 동쪽 아시아 일대
- 海洋(해양): 넓은 바다

빈 칸에 알맞은 한자를 쓰세요.

대	양
大	洋
大	

동	양
東	洋
東	

해	양
海	洋
海	

흐린 글자를 따라 쓰면서 洋을 익히세요.

洋은 양이라고 읽고, 큰 바다라는 뜻입니다.

洋은 넓은 초원에서 풀을 뜯고 있는 양 떼처럼 큰 바다를 나타낸 한자입니다.

洋의 획수는 총 9획입니다.

뜻과 음을 크게 읽으면서, 洋을 쓰세요.

洋	洋	洋	洋	洋	洋
洋	洋	洋	洋	洋	洋

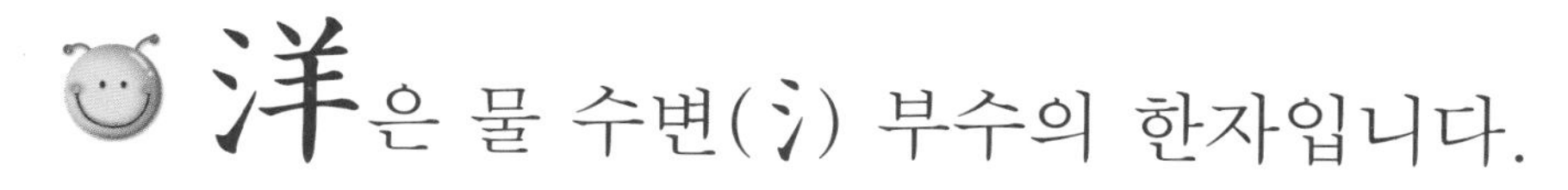

洋은 물 수변(氵) 부수의 한자입니다.

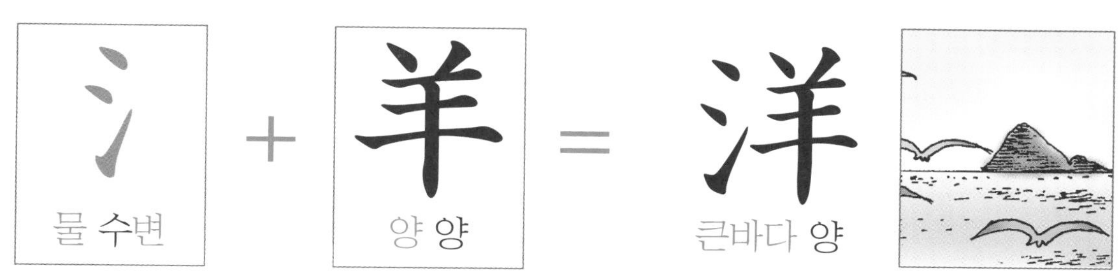

넓은 초원에서 풀을 뜯고 있는 양떼처럼 큰 바다를 나타낸 한자입니다.

한자의 음을 쓰고, 맞는 것끼리 연결하세요.

大洋(　　) •	•	동쪽 아시아 일대
東洋(　　) •	•	넓고 큰 바다
海洋(　　) •	•	넓은 바다.

洋이 들어간 낱말을 찾아 ○표 하세요.

海洋　海軍　大洋　航海

뜻과 음을 읽으면서, 이번 주에 배운 한자를 쓰세요.

물 하	물 하	물 하	물 하	물 하
河	河	河	河	河

바다 해	바다 해	바다 해	바다 해	바다 해
海	海	海	海	海

강 강	강 강	강 강	강 강	강 강
江	江	江	江	江

큰바다 양	큰바다 양	큰바다 양	큰바다 양	큰바다 양
洋	洋	洋	洋	洋

 서로 알맞은 것끼리 연결하세요.

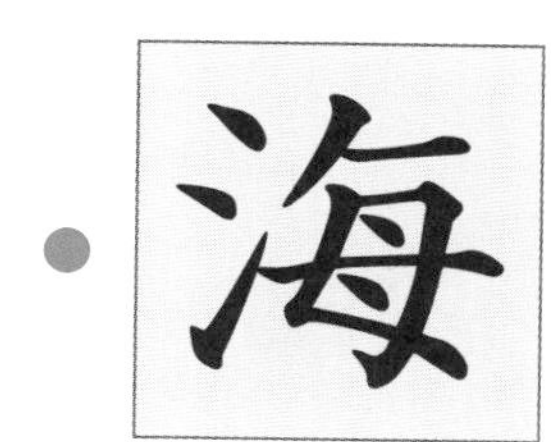

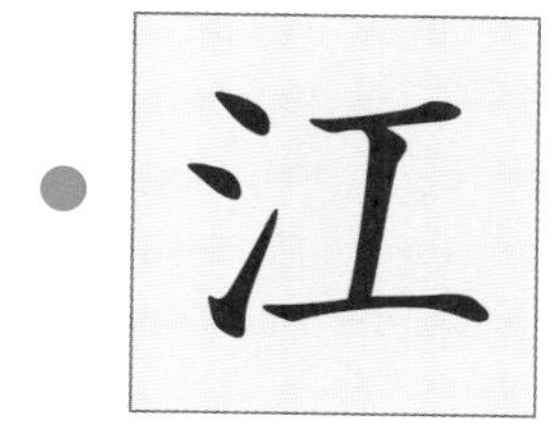

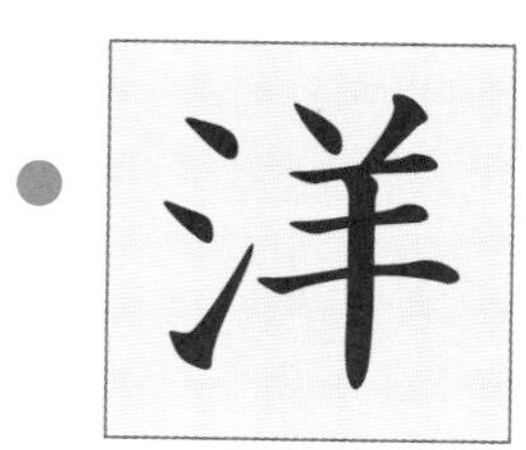

신문 제호를 읽고 빈칸에 한자의 음을 쓰세요.

낙동강 河口에 철새떼

쓰레기에 오염된 江山

海洋수산부 발족!

洋弓팀, 전원 금메달!

방위 로비 양상

논리로 얼룩" 우려

단적인 예가 7일 한미 외무장
회담에서 콜린 파월 국무장관
이정빈(李廷彬)외교통상부장
에게 한국의 차세대전투기(F
)사업 기종으로 보잉사의 F15
를 채택해 줄 것을 요청한 것.
정부 관계자는 "대부[illegible]
한미 정[illegible]
회담에서[illegible]
론했을 때[illegible]
"며 "파월[illegible] 회담 말미에
나가는 말로 이를 언급했고 그
현이 대단히 완곡했다고 하더
도 상대방은 압박을 느끼지 않
수 없다"고 털어놓았다.
올해 한국은 FX, 공격용 헬기
AHX), 대공미사일(SAM-X)
업 등 10조원대의 대형 사업을

온 자민련 김종필(金鍾泌)명예총
재가 양당을 같이 비판하며 '공
생론'을 들고 나왔다.
김명예총재는 17일 청주에서
열린 [illegible] "20
세기는 [illegible]
는 대[illegible]
'네가 [illegible]
의 세기"라며 "여야도 이제 공생
의 철학으로 상생의 정치를 펴야
한다"고 강조했다.
그는 또 "국가발전을 위해서는
작은 것이라도 흠을 들추지 [illegible]
[illegible] 보잉사의 F15K와 프랑
스 닷소사의 라팔, 러시아 로스
브로제니에사의 수호이 35/37,
유럽 컨소시엄의 유러파이터
2000이 각축을 벌이고 있다.
보잉사는 이 사업 수주를 위해
최근 한국 언론에 F15K 광고를
낸데 이어 토머스 [illegible]
(전 국무차관)이 [illegible]

는 주장을 놓고 여야간에 공방이 가
열되고 있다.
민주당은 보고서 폐기 여부를 밝
히기 위한 국회 차원의 국정조사를
추진 중이다. 만약 보고서 폐기가
[illegible] 않은
[illegible]조사
[illegible]는 주
장이다.
민주당은 그러면서 은근히 한나라
당을 압박하고 있다. 한나라당이 현
재 진행 중인 언론사 세무조사를
'언론 길들이기'라고 비난하지만 알
고 보면 한나라당 자신이 여당 시절
같은 의도로 세무조사를 했지 않느
냐는 것.
"대통령의 방미를 앞두고 (미국
제 무기에 대한) 부정적인 여론
이 조성되면 안된다"는 말이 나
돌았다. 이 때문에 군 안팎에서
는 한국의 전력증강사업이 또다
시 정치논리로 얼룩질 가능성을
우려하는 목소리가 흘러나오고
있다. 〈이철희기자〉

권노갑씨 받은 '마틴 루터 킹 자유인권상'

이 賞의 진상은…

LA 민간단[illegible]

YS-고르바초프가 받은

[illegible] 역 흑인 지도자인 래리 그랜트
가 회장을 맡고 있으며, 킹 목

[illegible]
외빈인 '그랜드 마셜'로 참석
했다.

權씨측"킹센터 말한적 없다"

[illegible]에 대해 권 전 최고위원측
[illegible] 18일 "우리는 문제의 상이
[illegible]센터에서 주는 상이라고 말
[illegible] 적이 없고, 더욱이 김영삼
전 대통령과 고르바초프가 받은
상이라고 말한 적도 없다"고

主
'JE
민주
strea
온 자
재가
생론'
김명
열린
세기는
는 대
'네가
의 세
의 철
한다"
그는
작은
민주
"與野
앞두
기 4
조80
대 규
스 닷
브로
유럽
2000
보잉
최근
낸데
(전

河口 ------------ (　　　　), 江山 ------------ (　　　　)

海洋 ------------ (　　　　), 洋弓 ------------ (　　　　)

빈 칸에 알맞은 한자를 쓰세요.

하 구
口

해 군
軍

강 산
山

대 양
大

동화를 읽고, 빈 칸에 알맞은 한자를 쓰세요.

적당한 긴장은 삶의 활력소

大洋에서 많은 물고기가 잡혀 東海의 포구로 들어온다.
산 물고기는 횟감으로 많은 사람들이 좋아한다.
그러나 산 채로 河川과 江을 건너고 산을 넘어 도시로 옮기다
보면 많은 수의 물고기가 죽어버린다.
이것을 고민하던 어부가 기발한 대책을 세웠다.
그것은 공격적인 육식 물고기를 수조에 함께 넣는 것이다.
물론 한 두 마리는 먹히거나 상처를 입지만,
나머지 물고기들은 너무 긴장하여 쉽게 죽지 않고
목적지까지 무사하게 도착하게 된다.
사람도 마찬가지다.
아무 걱정이 없는 사람보다 어느 정도 걱정을
가진 사람의 생활이 더욱 활기가 있다.

물 하	강 강	바다 해	큰바다 양

 필순에 따라 왼쪽의 한자를 쓰고, 획수를 써 보세요.

하	河				획
해	海				획
강	江				획
양	洋				획

서로 알맞은 것끼리 선을 이으세요.

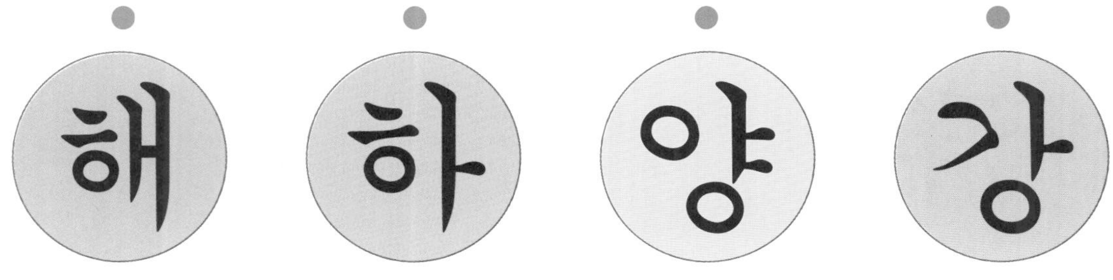

빈 칸에 알맞은 한자를 쓰고,
보기에서 같은 뜻을 찾아 번호를 적으세요.

백	년	하	청
百	年		淸

( )

금	수	강	산
錦	繡		山

( )

망	망	대	해
茫	茫	大	

( )

장래가

양	양

하다 ( )

보기

❶ 앞날이 훤히 트였다.
❷ 비단으로 수를 놓은 것처럼 아름다운 자연.
❸ 흐린 물이 맑아지기를 기다려도 소용 없듯이, 아무리 기다려도 이루어지지 않음.
❹ 한없이 넓고 큰 바다.

기탄 한자
C75b

걱정도 팔자

아빠 이 河川의 물은 어디로 흘러 가나요?
큰 江으로 흘러들어 가지.

그럼 江물은요?
海洋으로 흘러들지.

海洋이 어딘데요?
넓은 바다가 海洋이지.

아빠, 우리 빨리 이사 가요!
왜 갑자기?

우리집은 바닷가에 있잖아요.
그게 어때서?

江물이 자꾸 바다로 들어오면 바닷물이 넘치잖아요.
어이구!

개인별 · 능력별 학습 프로그램

C 단계 교재 C76a-C90b

이번 주에 배울 한자

松	林	間	分
소나무 송	수풀 림	사이 간	나눌 분

금주평가	읽기	쓰기
	Ⓐ 아주 잘함	Ⓐ 아주 잘함
	Ⓑ 잘함	Ⓑ 잘함
	Ⓒ 보통	Ⓒ 보통
	Ⓓ 부족함	Ⓓ 부족함

이번 주는?

- 학습방법 ① 매일매일 ② 가끔 ③ 한꺼번에 - 하였습니다.
- 학습태도 ① 스스로 잘 ② 시켜서 억지로 - 하였습니다.
- 학습흥미 ① 재미있게 ② 싫증내며 - 하였습니다.
- 교재내용 ① 적합하다고 ② 어렵다고 ③ 쉽다고 - 하였습니다.

♣ 지도 교사가 부모님께	♣ 부모님이 지도 교사께

종합평가	Ⓐ 아주 잘함	Ⓑ 잘함	Ⓒ 보통	Ⓓ 부족함

원교 반 이름 전화

기초 탄탄한 교육 · 기초 탄탄한 학습
기탄교육
www.gitan.co.kr/ (02)586-1007(대)

지난 주에 배운 한자를 다시 한 번 써 보세요.

물 하	물 하	물 하	물 하	물 하
河	河	河	河	河

바다 해	바다 해	바다 해	바다 해	바다 해
海	海	海	海	海

강 강	강 강	강 강	강 강	강 강
江	江	江	江	江

큰바다 양	큰바다 양	큰바다 양	큰바다 양	큰바다 양
洋	洋	洋	洋	洋

이번 주에 배울 한자를 큰 소리로 읽어 보세요.

소나무 송(松)에 대해 알아봅시다.

소나무 송

송이라고 읽습니다.
소나무라는 뜻입니다.

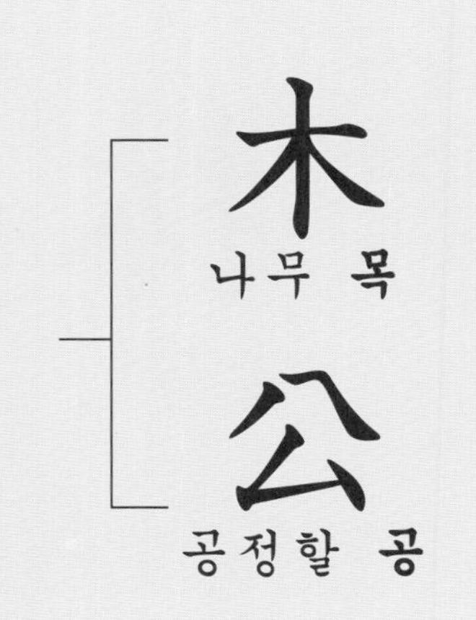

소나무는 모든 산에 공정하게 자라고 있습니다.

● 빈 칸에 알맞은 글을 쓰세요.

松은 ☐ 이라고 읽습니다.

☐☐☐ 라는 뜻입니다.

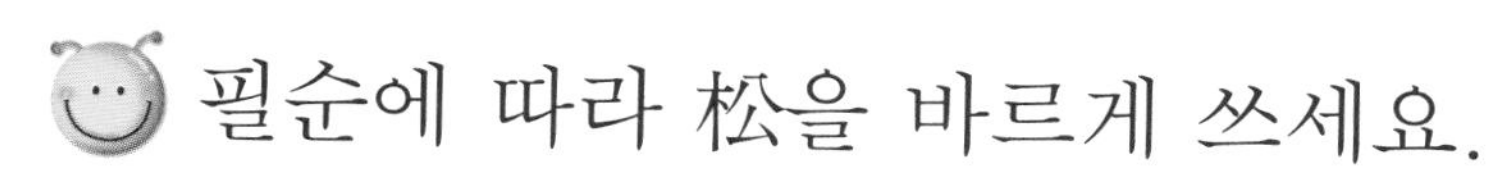

총 8획

松 ①②③④⑤⑥⑦⑧	松	松	松	松
松	松	松	松	松

● 뜻과 음을 소리내어 읽으면서 松을 쓰세요.

소나무 송	소나무 송	소나무 송	소나무 송	소나무 송
松	松	松	松	松

● 빈 칸에 알맞은 한자와 뜻, 음을 쓰세요.

松		
한자	뜻	음

	소나무	송
한자	뜻	음

C77b

글을 읽고, 松이 나오는 낱말을 알아봅시다.

소나무는 사람에게 많은 것들을 주는 나무예요.
첫째, 松板(송판)은 훌륭한 목재로서
집을 짓거나 가구를 만드는 재료가 됩니다.
둘째, 松林(송림)은 산소를 공급해 주고,
강한 바람을 막아 줍니다.
셋째, 松津(송진)은 연료로 쓰입니다.

- 松板(송판) : 소나무로 만든 판자
- 松林(송림) : 소나무 숲
- 松津(송진) : 솔가지에서 나온 기름

빈 칸에 알맞은 한자를 쓰세요.

송	판	송	림	송	진
松	板	松	林	松	津
	板		林		津

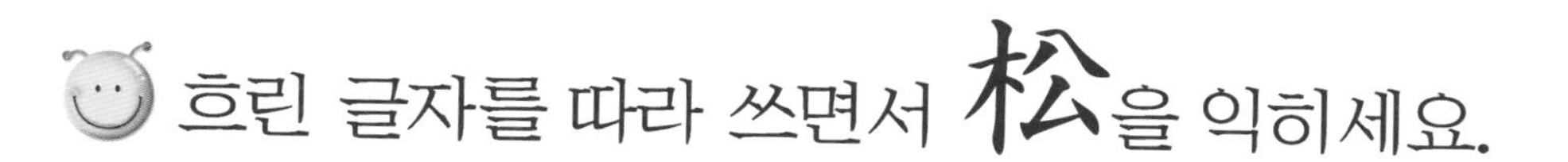

松은 송이라고 읽고, 소나무라는 뜻입니다.

松은 소나무는 모든 산에 공정하게

자라고 있다는 의미로 만들어진 한자입니다.

松의 획수는 총 8 획입니다.

뜻과 음을 크게 읽으면서, 松을 쓰세요.

松	松	松	松	松	松
松	松	松	松	松	松

松은 나무 목(木)부수의 한자입니다.

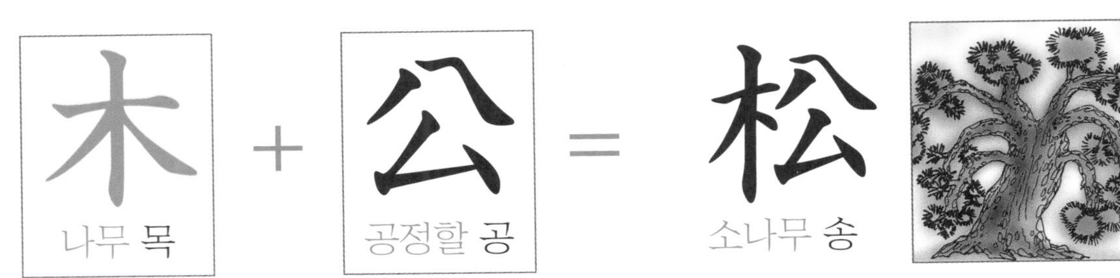

모든 산에 있는 공정한 나무라는 뜻입니다.

한자의 음을 쓰고, 맞는 것끼리 연결하세요.

松板( )	솔가지에서 나온 기름
松林( )	소나무로 만든 판자
松津( )	소나무 숲

松이 나오는 낱말을 찾아 ◯표 하세요.

東洋　松板　松林　海洋

수풀 림(林)에 대해 알아봅시다.

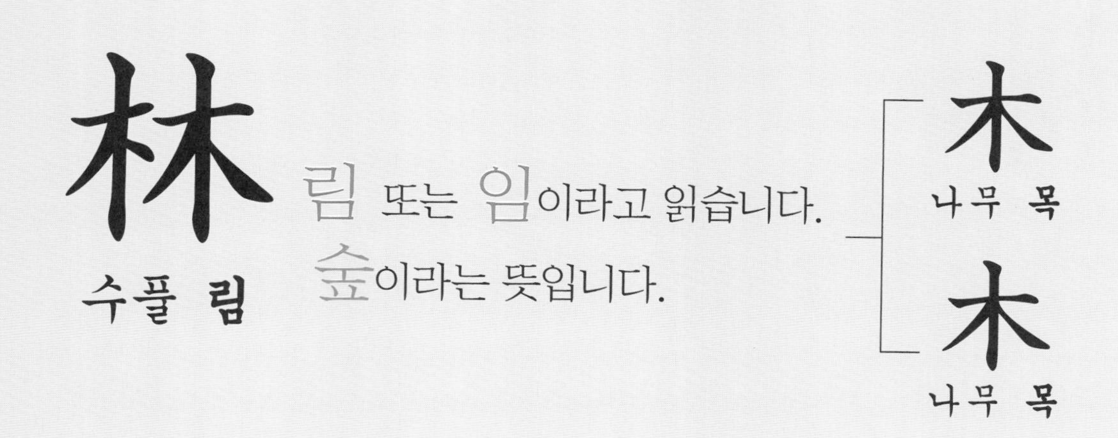

● 빈 칸에 알맞은 글을 쓰세요.

林은 ☐ 또는 ☐ 이라고 읽습니다.

☐ 이라는 뜻입니다.

필순에 따라 林을 바르게 쓰세요.

총 8획

林	林	林	林	林
林	林	林	林	林

● 뜻과 음을 소리내어 읽으면서 林을 쓰세요.

수풀 림	수풀 림	수풀 림	수풀 림	수풀 림
林				

● 빈 칸에 알맞은 한자와 뜻, 음을 쓰세요.

林		
한자	뜻	음

	수풀	림
한자	뜻	음

여름 방학 때 우리는 林間(임간) 학교에 갑니다.
복잡한 도시를 떠나, 숲으로 들어가면 마음이 상쾌해 집니다.
나는 매미 소리를 따라 숲으로 들어 갔다가 길을 잃어서
林業(임업)을 하는 사람들에게 겨우 구조되었습니다.
임간 학교가 있는 그 숲은 마치 열대 지방의
密林(밀림)처럼 나무가 우거져 있었습니다.
그래서 자칫하면 길을 잃기 쉽습니다.

- 林間(임간):숲 속
- 林業(임업):나무 농사를 짓는 일
- 密林(밀림):큰 나무들이 빽빽하게 들어선 숲

빈 칸에 알맞은 한자를 쓰세요.

임	간
林	間
	間

임	업
林	業
	業

밀	림
密	林
密	

흐린 글자를 따라 쓰면서 林을 익히세요.

林은 림 또는 임이라고 읽고, 숲이라는 뜻입니다.

林은 많은 나무가 모여서 숲을 이루는 것을

나타낸 한자입니다.

林의 획수는 총 8획입니다.

뜻과 음을 크게 읽으면서 林을 쓰세요.

林	林	林	林	林	林
林	林	林	林	林	林

林은 나무 목(木) 부수의 한자입니다.

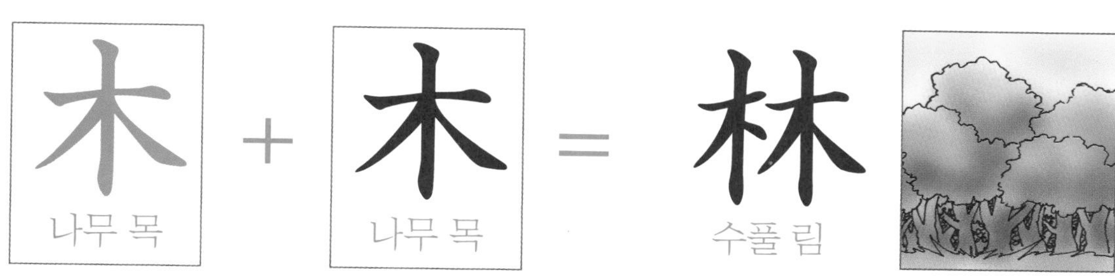

많은 나무가 모여서 숲을 이루는 것을 나타내는 한자입니다.

한자의 음을 쓰고, 맞는 것끼리 연결하세요.

林間(　　)	큰 나무들이 빽빽하게 들어선 숲
林業(　　)	숲 속
密林(　　)	나무 농사를 짓는 일

林이 나오는 낱말을 찾아 ○표 하세요.

松津　松板　林間　林業

사이 간(間)에 대해 알아봅시다.

간이라고 읽습니다.
사이라는 뜻입니다.

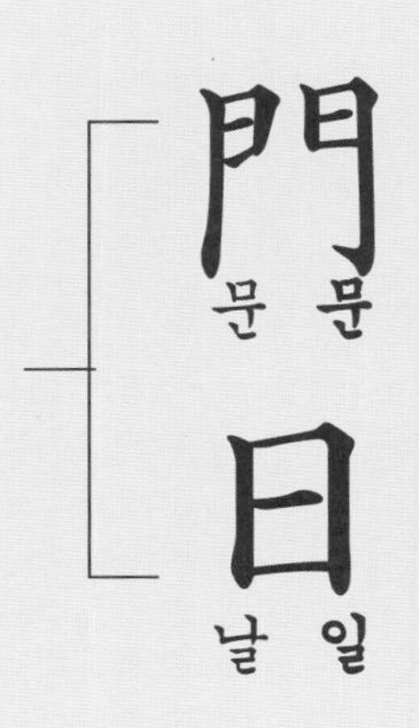

햇빛이 문 틈 사이로 들어옵니다.

● 빈 칸에 알맞은 글을 쓰세요.

間은 ☐ 이라고 읽습니다.

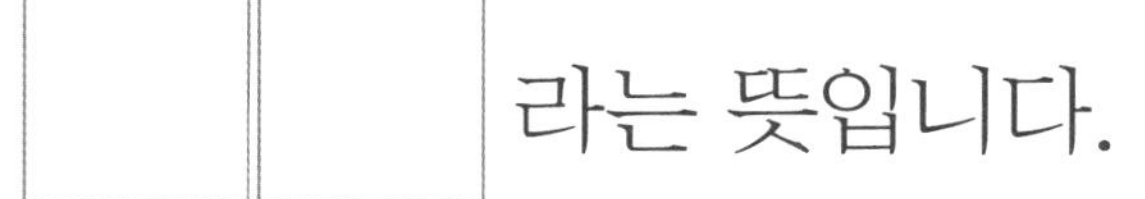

☐☐ 라는 뜻입니다.

총 12획

間	間	間	間	間
間	間	間	間	間

●뜻과 음을 소리내어 읽으면서 間을 쓰세요.

사이 간	사이 간	사이 간	사이 간	사이 간
間	間	間	間	間

●빈 칸에 알맞은 한자와 뜻, 음을 쓰세요.

間		
한자	뜻	음

	사이	간
한자	뜻	음

글을 읽고, 間이 나오는 낱말을 알아봅시다.

間歇(간헐)적으로 내린 눈 때문에
도로가 온통 차로 꽉 막혔습니다.
아버지께서는 차를 돌려 間道(간도)로 들어섰습니다.
그러나 그 길도 마찬가지였습니다.
이제 그나마 조금씩 움직이던 차가 멈추고 말았습니다.
"왠 人間(인간)들이 이리도 많담."
어머니께서 투덜거리셨습니다.

● 間歇(간헐) : 그쳤다 이어졌다 함 ● 間道(간도) : 사잇길
● 人間(인간) : 사람의 한자말

빈 칸에 알맞은 한자를 쓰세요.

간	헐	간	도	인	간
間	歇	間	道	人	間
	歇		道	人	

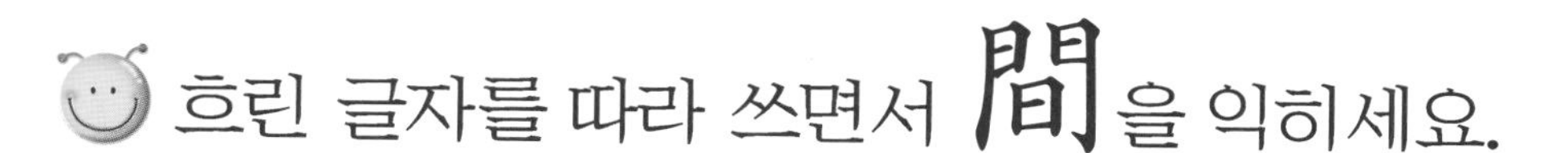

흐린 글자를 따라 쓰면서 間을 익히세요.

間은 간이라고 읽고, 사이라는 뜻입니다.

間은 문틈으로 들어오는 햇빛을

나타낸 한자입니다.

間의 획수는 총 12획입니다.

뜻과 음을 크게 읽으면서, 間을 쓰세요.

間					
間					

間은 문 문(門) 부수의 한자입니다.

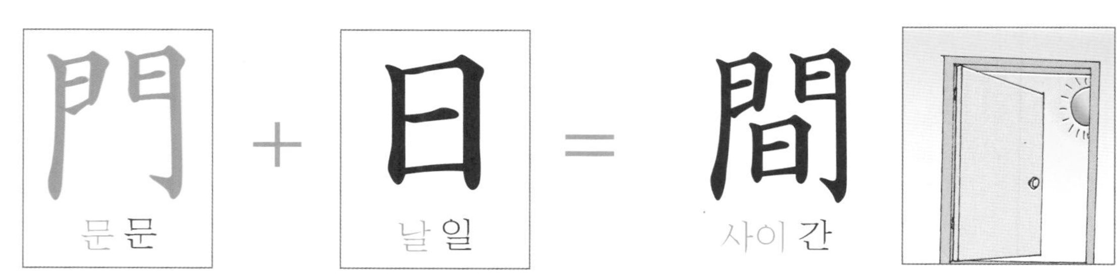

문 틈으로 들어오는 햇빛을 나타낸 한자입니다.

한자의 음을 쓰고, 맞는 것끼리 연결하세요.

間歇(　　) •	•	사잇길
間道(　　) •	•	사람의 한자말
人間(　　) •	•	그쳤다 이어졌다 함

間이 나오는 낱말을 찾아 ○표 하세요.

松林　人間　間歇　密林

나눌 분(分)에 대해 알아봅시다.

나눌 분

분이라고 읽습니다.
나눈다는 뜻입니다.

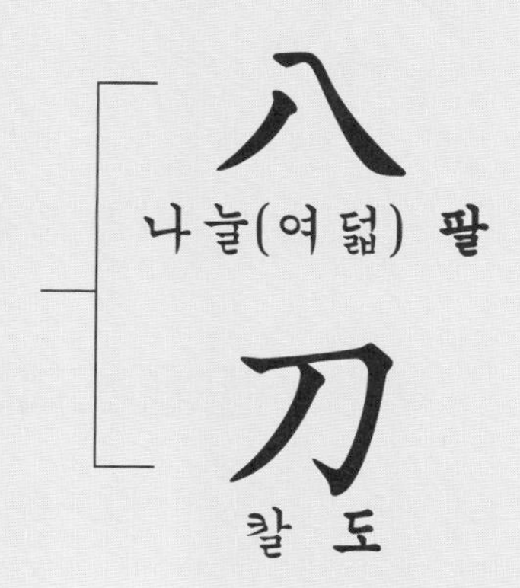

칼로 잘라 나눕니다.

●빈 칸에 알맞은 글을 쓰세요.

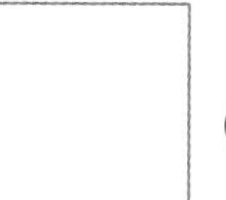
分은 ☐ 이라고 읽습니다.

☐☐☐ 는 뜻입니다.

필순에 따라 分을 바르게 쓰세요.

총 4회

分	分	分	分	分

●뜻과 음을 소리내어 읽으면서 分을 쓰세요.

나눌 분	나눌 분	나눌 분	나눌 분	나눌 분
分				

나눌 분	나눌 분	나눌 분	나눌 분	나눌 분
分				

●빈 칸에 알맞은 한자와 뜻, 음을 쓰세요.

分				나눌	분
한자	뜻	음	한자	뜻	음

글을 읽고, 分이 나오는 낱말을 알아봅시다.

세 살짜리 내 동생은 아직 分別(분별)이 없습니다.
그래서 말썽을 자주 부립니다.
어제는 내가 아끼는 로봇 인형을 마구 分離(분리)했습니다.
나는 氣分(기분)이 좋지 않았지만 참았습니다.
그러나 오늘 동생은 또 내 공책을 찢어 놓고 말았습니다.
내가 화를 냈더니, 동생은 울음을 터뜨리고 말았습니다.

- 分別(분별):사리에 맞게 판단함
- 分離(분리):따로 떼어냄
- 氣分(기분):마음에 생기는 여러 가지 느낌

빈 칸에 알맞은 한자를 쓰세요.

분	별
分	別
	別

분	리
分	離
	離

기	분
氣	分
氣	

흐린 글자를 따라 쓰면서 分을 익히세요.

分 은 분 이라고 읽고, 나눈다 라는 뜻입니다.

分 은 칼 로 물건을 나눈다 는 의미로

만들어진 한자입니다.

分 의 획수는 총 4 획입니다.

뜻과 음을 크게 읽으면서, 分을 쓰세요.

分	分	分	分	分	分
分	分	分	分	分	分

 **分**은 칼 도(刀) 부수의 한자입니다.

\+ 刀 칼 도 = 分 나눌 분

칼로 물건을 나눈다는 것을 나타낸 한자입니다.

한자의 음을 쓰고, 맞는 것끼리 연결하세요.

分別(　　) •		• 따로 떼어 냄
分離(　　) •		• 마음에 생기는 여러 가지 느낌
氣分(　　) •		• 사리에 맞게 판단함

分이 나오는 낱말을 찾아 ◯표 하세요.

分別　人間　林間　氣分

C86b

뜻과 음을 읽으면서, 이번 주에 배운 한자를 쓰세요.

소나무 송	소나무 송	소나무 송	소나무 송	소나무 송
松	松	松	松	松

수풀 림	수풀 림	수풀 림	수풀 림	수풀 림
林	林	林	林	林

사이 간	사이 간	사이 간	사이 간	사이 간
間	間	間	間	間

나눌 분	나눌 분	나눌 분	나눌 분	나눌 분
分	分	分	分	分

서로 관계 있는 그림과 한자를 선으로 이으세요.

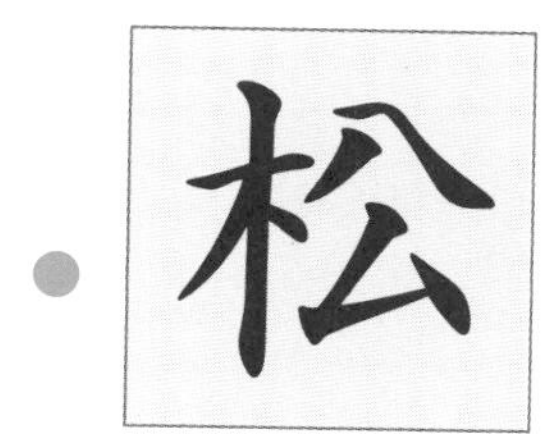

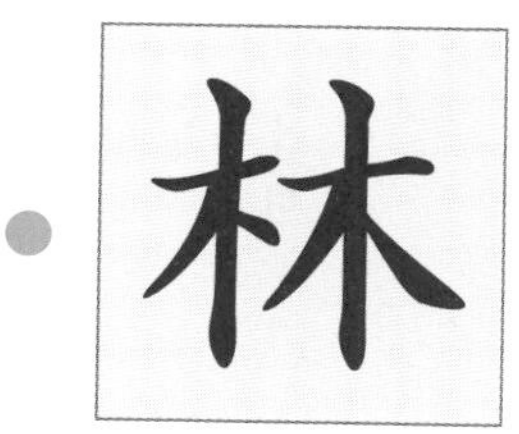

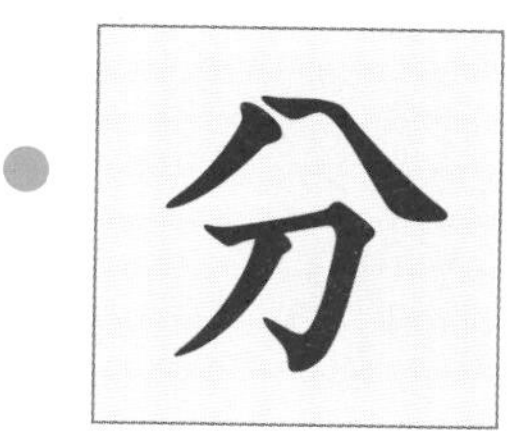

신문 제호를 읽고 빈칸에 한자의 음을 쓰세요.

방위 로비 양상

논리로 얼룩" 우려

단적인 예가 7일 한미 외무장
회담에서 콜린 파월 국무장관
이정빈(李廷彬)외교통상부장
에게 한국의 차세대전투기(F
)사업 기종으로 보잉사의 F15
를 채택해 줄 것을 요청한 것.
정부 관계자는 "[illegible]
한미 정
회담에서
론했을 때
"며 "파월[illegible] 회담 말미에
나가는 말로 이를 언급했고 그
현이 대단히 완곡했다고 하더
도 상대방은 압박을 느끼지 않
수 없다"고 털어놓았다.
올해 한국은 FX, 공격용 헬기
AHX), 대공미사일(SAM-X)
업 등 10조원대의 대형 사업을

온 자민련 김종필(金鍾泌)명예총
재가 양당을 같이 비판하며 '공
생론'을 들고 나왔다.
김명예총재는 17일 청주에서
열린 [illegible]
세기는 [illegible]
는 대 [illegible]
'네가 [illegible]
의 세기"라며 "여야도 이제 공생
의 철학으로 상생의 정치를 펴야
한다"고 강조했다.
그는 또 "국가발전을 위해서는
작은 것이라도 흠을 들추지 [illegible]
[illegible] 보잉사의 F15K와 프랑
스 닷소사의 라팔, 러시아 로스
브로제니에사의 수호이 35/37,
유럽 컨소시엄의 유러파이터
2000이 각축을 벌이고 있다.
보잉사는 이 사업 수주를 위해
최근 한국 언론에 F15K 광고를
낸데 이어 토머스 [illegible]
(전 국무차관)이 [illegible]

는 주장을 놓고 여야간에 공방이 가
열되고 있다.
민주당은 보고서 폐기 여부를 밝
히기 위한 국회 차원의 국정조사를
추진 중이다. 만약 보고서 폐기가
[illegible] 않은
[illegible]조사
[illegible]는 주
장이다.
민주당은 그러면서 은근히 한나라
당을 압박하고 있다. 한나라당이 현
재 진행 중인 언론사 세무조사를
'언론 길들이기'라고 비난하지만 알
고 보면 한나라당 자신이 여당 시절
같은 의도로 세무조사를 했지 않느
냐는 것.
"대통령의 방미를 앞두고 (미국
제 무기에 대한) 부정적인 여론
이 조성되면 안된다"는 말이 나
돌았다. 이 때문에 군 안팎에서
는 한국의 전력증강사업이 또다
시 정치논리로 얼룩질 가능성을
우려하는 목소리가 흘러나오고
있다. 〈이철희기자〉

동남아 密林이 줄어든다.

북한, 아직도 松津자동차?

氣分좋은 한판승!!

권노갑씨 받은 '마틴 루터 킹 자유인권상'

이 賞의 진상은…

호주 間歇온천 인기!

LA 민간단[illegible]
YS-고르바초프가 받은

[illegible]역 흑인 지도자인 래리 그랜트
가 회장을 맡고 있으며, 킹 목

[illegible] 외빈인 '그랜드 마셜'로 참석
했다.

權씨측"킹센터 말한적 없다"

[illegible]에 대해 권 전 최고위원측
[illegible] 18일 "우리는 문제의 상이
[illegible]센터에서 주는 상이라고 말
[illegible]적이 없고, 더욱이 김영삼
전 대통령과 고르바초프가 받은
상이라고 말한 적도 없다"고

密林 ------ (　　　　), 松津 ------ (　　　　)

氣分 ------ (　　　　), 間歇 ------ (　　　　)

빈 칸에 알맞은 한자를 쓰세요.

송	진
	津

인	간
人	

동화를 읽고, 빈 칸에 알맞은 한자를 쓰세요.

친구를 살리려면

매우 친한 철수와 영수가 松林을 지나 사냥터로
가고 있을 때였다. 갑자기 영수가 늪속에 빠졌다.
철수가 도우려고 했지만 손이 닿지 않았다.
영수는 나오려고 안간힘을 썼지만, 점점 더 늪속으로
빠져들 뿐이었다. 이 상태라면 영수는 죽은 목숨이나 다름 없었다.
영수도 이미 포기한 것 같았다.
이 때였다. 갑자기 철수가 영수에게 음흉하게
말하고는 발길을 돌렸다.
"흐흐, 네가 죽으면 네 재산은 分明히
너의 가족에게 돌아가지 않고 모두 내 것이 될 거야."
"이 나쁜 人間! 널 그냥 두지 않겠어!"
이 말을 듣고 배신감에 분노한 영수는
자신도 모를 만큼 초인적 힘을 발휘하여,
늪 밖으로 기어나왔다.
바로 철수가 영수를 살리기 위해 노렸던 효과였다.

소나무 송	수풀 림	사이 간	나눌 분

필순에 따라 왼쪽의 한자를 쓰고, 획수를 써 보세요.

음	한자				획수
송	松				획
림	林				획
간	間				획
분	分				획

서로 알맞은 것끼리 선을 이으세요.

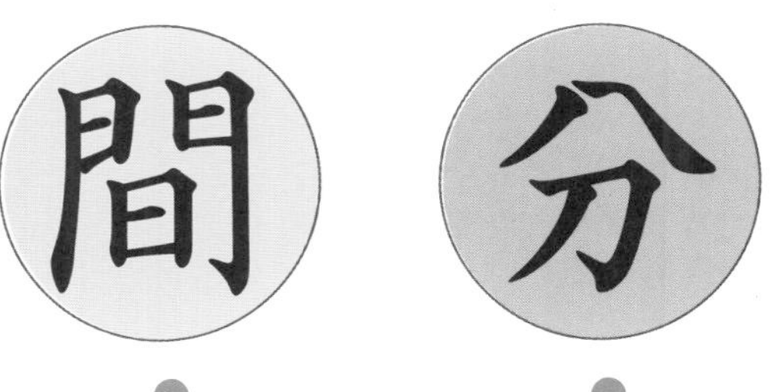

松	林	間	分
사이	소나무	수풀	나눌
송	분	간	림

빈 칸에 알맞은 한자를 쓰고,
보기에서 같은 뜻을 찾아 번호를 적으세요.

낙	락	장	송
落	落	長	

( )

주	지	육	림
酒	池	肉	

( )

홍	익	인	간
弘	益	人	

( )

지	방	분	권
地	方		權

( )

보기

❶ 호화로운 술잔치를 빗대어 이르는 말
❷ 가지가 길게 축축 늘어진 큰 소나무
❸ 널리 인간 세계를 이롭게 함
❹ 통치 권력을 어느 정도 지방 자치 단체에 나누어 주거나 독립시키는 일

기탄 한자
C90b

걱정도 팔자 2

저 좀 태워 주셔유.
松林 사이로 마차가 지나가고 있었다.

에라, 氣分이다. 타세요.
고마워유.

무거운 짐은 내려 놓으시지요.
괜찮아유.

그냥 지고 있으면 힘들텐데요?
저도 人間인데 양심은 있쥬.

무슨 말씀인지?
제가 짐을 내려놓으면, 말이 더 힘들잖유.

꼭 말을 해야 알아듣남유?
졌다 졌어!

개인별 · 능력별 학습 프로그램

C 단계 교재 C91a-C105b

이번 주에 배울 한자

本	末	未	安
근본 본	끝 말	아닐 미	편안할 안

금주평가	읽 기	쓰 기	이번 주는?
	Ⓐ 아주 잘함	Ⓐ 아주 잘함	·학습방법 ① 매일매일 ② 가끔 ③ 한꺼번에 - 하였습니다.
	Ⓑ 잘함	Ⓑ 잘함	·학습태도 ① 스스로 잘 ② 시켜서 억지로 - 하였습니다.
	Ⓒ 보통	Ⓒ 보통	·학습흥미 ① 재미있게 ② 싫증내며 - 하였습니다.
	Ⓓ 부족함	Ⓓ 부족함	·교재내용 ① 적합하다고 ② 어렵다고 ③ 쉽다고 - 하였습니다.

♣ 지도 교사가 부모님께	♣ 부모님이 지도 교사께

종합평가	Ⓐ 아주 잘함	Ⓑ 잘함	Ⓒ 보통	Ⓓ 부족함

원교 반 이름 전화

기초 탄탄한 교육·기초 탄탄한 학습
기탄교육
www.gitan.co.kr/ (02)586-1007(대)

지난 주에 배운 한자를 큰 소리로 읽으면서 써 보세요.

소나무 송	소나무 송	소나무 송	소나무 송	소나무 송
松				

수풀 림	수풀 림	수풀 림	수풀 림	수풀 림
林				

사이 간	사이 간	사이 간	사이 간	사이 간
間				

나눌 분	나눌 분	나눌 분	나눌 분	나눌 분
分				

이번 주에 배울 한자를 큰 소리로 읽어 보세요.

C91b

근본 본(本)에 대해 알아봅시다.

근본 본

본이라고 읽습니다.
근본이라는 뜻입니다.

뿌리는 나무의 근본이라는 뜻입니다.
一은 땅을 나타낸 한자입니다.

● 빈 칸에 알맞은 글을 쓰세요.

本은 ☐ 이라고 읽습니다.

☐☐ 이라는 뜻입니다.

C92a ❖이름: ❖날짜: ❖시간 시 분~ 시 분

필순에 따라 本을 바르게 쓰세요.

총 5획

本 ①②③④⑤	本	本	本	本
本	本	本	本	本

● 뜻과 음을 소리내어 읽으면서 本을 쓰세요.

근본 본	근본 본	근본 본	근본 본	근본 본
本				

● 빈 칸에 알맞은 한자와 뜻, 음을 쓰세요.

本		
한자	뜻	음

	근본	본
한자	뜻	음

글을 읽고, 本이 나오는 낱말을 알아봅시다.

콰광!
적진에서 날아온 포탄이 터졌습니다.
적들이 드디어 本色(본색)을 드러내고 공격한 것입니다.
김일병은 本能(본능)적으로 땅에 바짝 엎드렸습니다.
그리고 무전기를 찾아서 외치기 시작했습니다.
"本部(본부) 나와라! 지금 적의 공격을 받고 있다!"
그러나 이미 무전기마저 고장이 나고 말았습니다.

- 本色(본색) : 본래의 성질
- 本部(본부) : 어떤 단체의 중심이 되는 곳
- 本能(본능) : 선천적으로 타고난 성질이나 능력

빈 칸에 알맞은 한자를 쓰세요.

본	색	본	능	본	부
本	色	本	能	本	部
	色		能		部

흐린 글자를 따라 쓰면서 本을 익히세요.

本은 본이라고 읽고, 근본이라는 뜻입니다.

本은 땅에 내린 뿌리는 나무의 근본이라는

것을 나타낸 한자입니다.

本의 획수는 총 5 획입니다.

뜻과 음을 크게 읽으면서, 本을 쓰세요.

本					

本은 나무 목(木) 부수의 한자입니다.

땅에 내린 뿌리는 나무의 근본이라는 것을 나타낸 한자입니다.

한자의 음을 쓰고, 맞는 것끼리 연결하세요.

本色(　　) • • 선천적으로 타고난 성질이나 능력

本能(　　) • • 어떤 단체의 중심이 되는 곳

本部(　　) • • 본래의 성질

本이 나오는 낱말을 찾아 ○표 하세요.

本色　分離　本部　氣分

끝 말(末)에 대해 알아봅시다.

말이라고 읽습니다.
끝이라는 뜻입니다.

나무 끝에 선을 그어 끝을 나타냈습니다.

● 빈 칸에 알맞은 글을 쓰세요.

末은  이라고 읽습니다.

 이라는 뜻입니다.

C94b

필순에 따라 末을 바르게 쓰세요.

총 5회

末	末	末	末	末
末	末	末	末	末

● 뜻과 음을 소리내어 읽으면서 末을 쓰세요.

끝 말	끝 말	끝 말	끝 말	끝 말
末				

● 빈 칸에 알맞은 한자와 뜻, 음을 쓰세요.

末		
한자	뜻	음

	끝	말
한자	뜻	음

삼촌께서 이 달 末日(말일)에 취직이 되셨습니다.
"삼촌, 축하해요. 언제 아빠처럼 과장이 되셔요?"
내가 물었더니, 삼촌께서 웃으면서 대답했습니다.
"하하! 난 이제 末端(말단) 사원이야. 아직 한참 멀었어."
아버지께서 우리를 보고 말씀하셨습니다.
"네 삼촌은 5년 후 末期(말기)에나 과장이 될 걸."

- 末期(말기):어떤 기간의 끝이 되는 시기
- 末日(말일):그 달의 마지막 날
- 末端(말단):어떤 단체에서 가장 아래의 직책

빈 칸에 알맞은 한자를 쓰세요.

말	일	말	기	말	단
末	日	末	期	末	端
	日		期		端

흐린 글자를 따라 쓰면서 末을 익히세요.

末은 말이라고 읽고, 끝이라는 뜻입니다.

末은 나무 끝에 표시를 하여 끝을 표시한 한자입니다.

末의 획수는 총 5획입니다.

뜻과 음을 크게 읽으면서 末을 쓰세요.

末	末	末	末	末	末
末	末	末	末	末	末

末은 나무 목(木) 부수의 한자입니다.

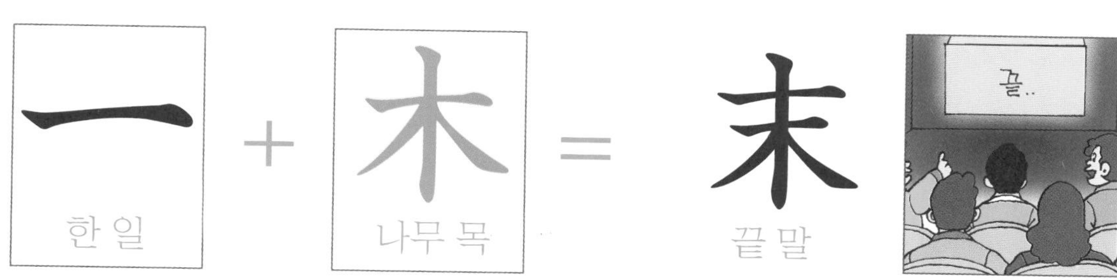

나무 끝에 표시를 하여 끝을 표시한 한자입니다.

한자의 음을 쓰고, 맞는 것끼리 연결하세요.

末日(　　) •		• 어떤 기간의 끝이 되는 시기
末端(　　) •		• 어떤 단체에서 가장 아래의 직책
末期(　　) •		• 그 달의 마지막 날

末이 나오는 한자를 찾아 ○표 하세요.

本色　本部　末期　末端

아닐 미(未)에 대해 알아봅시다.

미라고 읽습니다.
아니라는 뜻입니다.

※末과 未를 잘 구분하세요.

나뭇가지에 새싹이 돋아났지만,
아직 크지는 않습니다.

● 빈 칸에 알맞은 글을 쓰세요.

未는 [ ] 라고 읽습니다.

[ ][ ] 라는 뜻입니다.

필순에 따라 未를 바르게 쓰세요.

총 5획

未 ①②③④⑤	未	未	未	未
未	未	未	未	未

●뜻과 음을 소리내어 읽으면서 未를 쓰세요.

아닐 미	아닐 미	아닐 미	아닐 미	아닐 미
未				

●빈 칸에 알맞은 한자와 뜻, 음을 쓰세요.

未		
한자	뜻	음

	아닐	미
한자	뜻	음

글을 읽고, 未가 나오는 낱말을 알아봅시다.

연말이 되어 계산해 보니,
未收(미수)된 회비가 너무 많았어요.
회장인 내가 회비를 빨리 내라고 화를 내자,
모두들 未安(미안)한 표정을 지었어요.
순간 나는 내가 아직도 회장으로서
未熟(미숙)하다는 생각이 들었어요.

- 未收(미수) : 아직 다 거두지 못함
- 未熟(미숙) : 익숙하지 않아서 서투름
- 未安(미안) : 남에게 폐를 끼쳐서 마음이 편치 않음

빈 칸에 알맞은 한자를 쓰세요.

미	수	미	안	미	숙
未	收	未	安	未	熟
	收		安		熟

흐린 글자를 따라 쓰면서 未를 익히세요.

未는 미라고 읽고, 아니라는 뜻입니다.

未는 나뭇가지에 싹이 돋았지만, 아직 크지 않음을

나타낸 한자입니다.

未의 획수는 총 5 획입니다.

뜻과 음을 크게 읽으면서, 未를 쓰세요.

未					

未는 나무 목(木) 부수의 한자입니다.

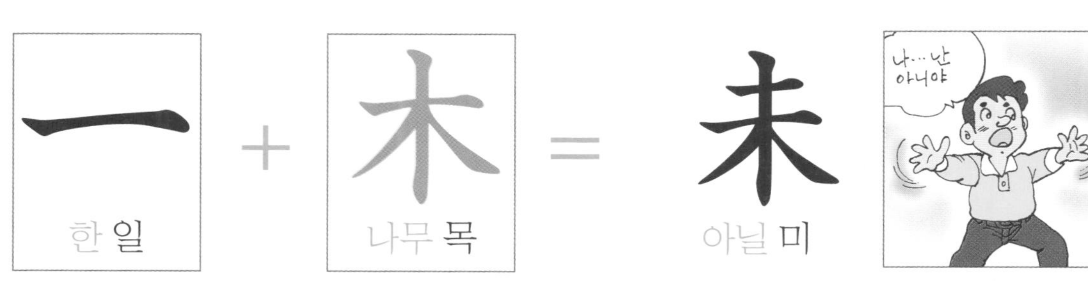

나뭇가지에 싹이 돋았지만, 아직 크지 않음을 나타낸 한자입니다.

한자의 음을 쓰고, 맞는 것끼리 연결하세요.

未收(　　)	• •	아직 다 거두지 못함
未安(　　)	• •	익숙하지 않아 서투름
未熟(　　)	• •	남에게 폐를 끼쳐서 마음이 편치 않음

未가 나오는 한자를 찾아 ○표 하세요.

未收　　末端　　未熟　　末日

편안할 안(安)에 대해 알아봅시다.

편안할 안

안이라고 읽습니다.
편안하다는 뜻입니다.

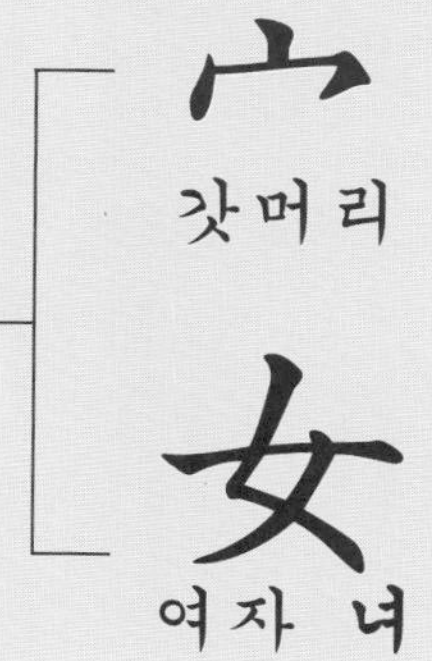

여자가 집안에 있으니 모두가 편안합니다.

● 빈 칸에 알맞은 글을 쓰세요.

安은 ☐ 이라고 읽습니다.

☐☐☐☐ 는 뜻입니다.

필순에 따라 安을 바르게 쓰세요.

총 6획

安 ①②③④⑤⑥	安	安	安	安
安	安	安	安	安

●뜻과 음을 소리내어 읽으면서 安을 쓰세요.

편안할 안	편안할 안	편안할 안	편안할 안	편안할 안
安				

●빈 칸에 알맞은 한자와 뜻, 음을 쓰세요.

安				편안할	안
한자	뜻	음	한자	뜻	음

글을 읽고, 安이 나오는 낱말을 알아봅시다.

한밤중에 나는 문득 잠에서 깼습니다.
주위를 둘러보니 어머니가 안 계셨습니다.
나는 갑자기 不安(불안)해졌습니다.
그러나 곧 어머니께서 들어오셨습니다.
그제야 두근거리던 내 마음이
安定(안정)되었고, 나는 安心(안심)했습니다.

- 不安(불안):마음이 편하지 않음
- 安定(안정):편하게 자리가 잡힘
- 安心(안심):마음이 편함

빈 칸에 알맞은 한자를 쓰세요.

불	안
不	安
不	

안	정
安	定
	定

안	심
安	心
	心

C100b

흐린 글자를 따라 쓰면서 安을 익히세요.

安은 안이라고 읽고, 편안하다라는 뜻입니다.

安은 집 안에 여자가 있어야만 따뜻하고

편하다는 의미로 만들어진 한자입니다.

安의 획수는 총 6획입니다.

뜻과 음을 크게 읽으면서, 安을 쓰세요.

安				安	安
			安	安	安

安은 갓머리(宀) 부수의 한자입니다.

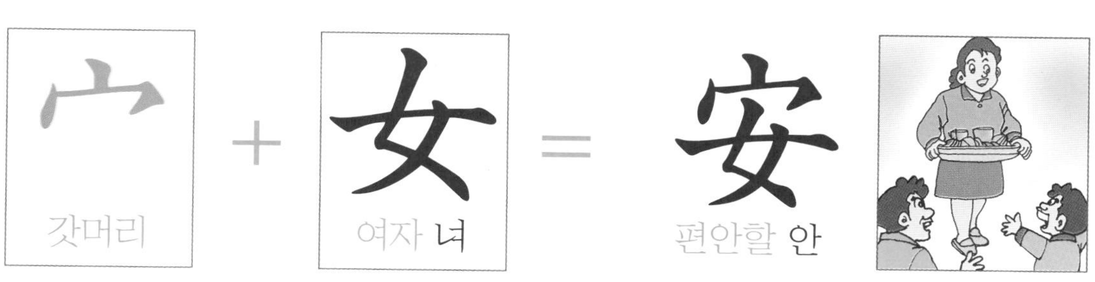

집안에 여자가 있어야만 따뜻하고 편하다는 것을 나타낸 한자입니다.

한자의 음을 쓰고, 맞는 것끼리 연결하세요.

不安(　　) •	• 마음이 편함
安定(　　) •	• 마음이 편하지 않음
安心(　　) •	• 편하게 자리가 잡힘

安이 나오는 한자를 찾아 ○표 하세요.

未收　不安　未熟　安心

뜻과 음을 읽으면서, 이번 주에 배운 한자를 쓰세요.

근본 본	근본 본	근본 본	근본 본	근본 본
本	本	本	本	本

끝 말	끝 말	끝 말	끝 말	끝 말
末	末	末	末	末

아닐 미	아닐 미	아닐 미	아닐 미	아닐 미
未	未	未	未	未

편안할 안	편안할 안	편안할 안	편안할 안	편안할 안
安	安	安	安	安

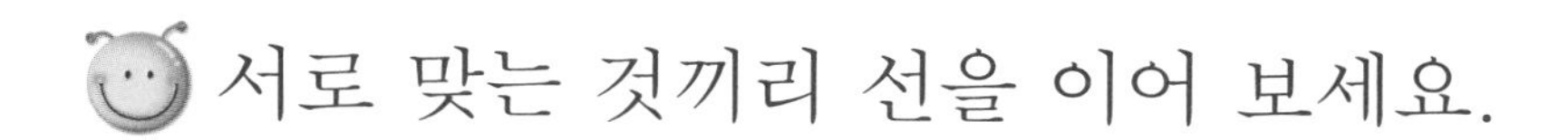

서로 맞는 것끼리 선을 이어 보세요.

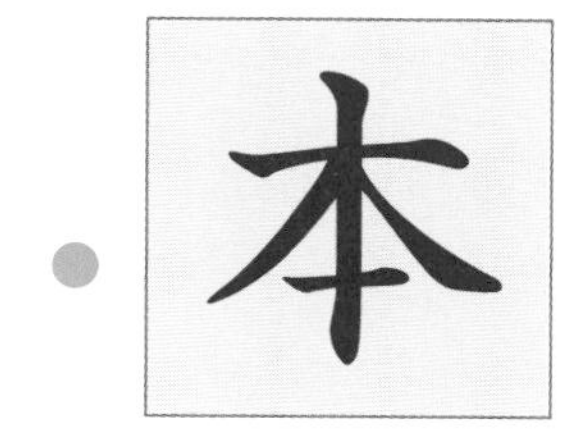

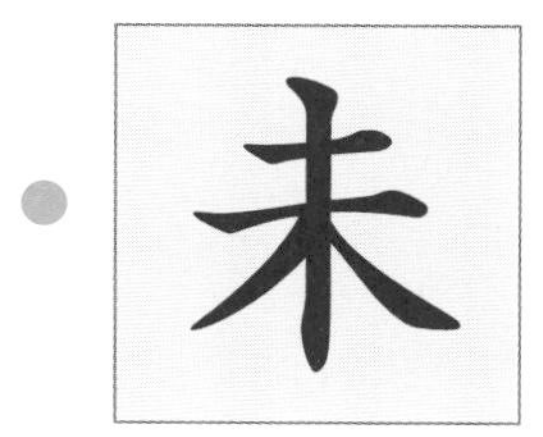

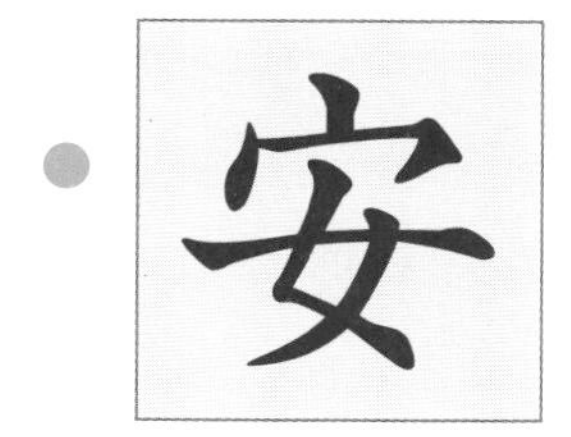

신문 제호를 읽고 빈칸에 한자의 음을 쓰세요.

IMF 경제체제 末期

本色을 드러낸 영국 정부

未收된 세금 많아

학교는 安全지대인가?

방위 로비 양상

논리로 얼룩" 우려

단적인 예가 7일 한미 외무장 회담에서 콜린 파월 국무장관 이정빈(李廷彬)외교통상부장 에게 한국의 차세대전투기(F)사업 기종으로 보잉사의 F15 를 채택해 줄 것을 요청한 것. 정부 관계자는 "대부정[illegible] 한미 정[illegible] 회담에서[illegible] 론했을 때[illegible] "며 "파월장관이 회담 말미에 나가는 말로 이를 언급했고 그 현이 대단히 완곡했다고 하더 도 상대방은 압박을 느끼지 않 수 없다"고 털어놓았다.

올해 한국은 FX, 공격용 헬기 AHX), 대공미사일(SAM-X) 업 등 10조원대의 대형 사업을

온 자민련 김종필(金鍾泌)명예총재가 양당을 같이 비판하며 '공생론'을 들고 나왔다.

김명예총재는 17일 청주에서 열린 [illegible] "20 세기는 [illegible] 는 대[illegible] '네가 [illegible] 의 세기"라며 "여야도 이제 공생의 철학으로 상생의 정치를 펴야 한다"고 강조했다.

그는 또 "국가발전을 위해서는 작은 것이라도 흠을 들추지 말[illegible]

[illegible] 보잉사의 F15K와 프랑스 닷소사의 라팔, 러시아 로스브로제니에사의 수호이 35/37, 유럽 컨소시엄의 유러파이터 2000이 각축을 벌이고 있다.

보잉사는 이 사업 수주를 위해 최근 한국 언론에 F15K 광고를 낸데 이어 토머스 [illegible] (전 국무차관)이 [illegible]

는 주장을 놓고 여야간에 공방이 가열되고 있다.

민주당은 보고서 폐기 여부를 밝히기 위한 국회 차원의 국정조사를 추진 중이다. 만약 보고서 폐기가 [illegible] 않은 [illegible] 국정조사 [illegible] 는 주장이다.

민주당은 그러면서 은근히 한나라당을 압박하고 있다. 한나라당이 현재 진행 중인 언론사 세무조사를 '언론 길들이기'라고 비난하지만 알고 보면 한나라당 자신이 여당 시절 같은 의도로 세무조사를 했지 않느냐는 것.

"대통령의 방미를 앞두고 (미국제 무기에 대한) 부정적인 여론이 조성되면 안된다"는 말이 나돌았다. 이 때문에 군 안팎에서는 한국의 전력증강사업이 또다시 정치논리로 얼룩질 가능성을 우려하는 목소리가 흘러나오고 있다. 〈이철희기자〉

권노갑씨 받은 '마틴 루터 킹 자유인권상'

이 賞의 진상은…

LA 민간단[illegible]

YS-고르바초프가 받은

킹센터 인권상과는 다른

[illegible] 역 흑인 지도자인 래리 그랜트가 회장을 맡고 있으며, 킹 목 [illegible]

[illegible] 외빈인 '그랜드 마셜'로 참석했다.

權씨측"킹센터 말한적 없다"

[illegible]이에 대해 권 전 최고위원측 [illegible] 18일 "우리는 문제의 상이 [illegible] 센터에서 주는 상이라고 말 [illegible] 적이 없고, 더욱이 김영삼 전 대통령과 고르바초프가 받은 상이라고 말한 적도 없다"고 [illegible]

'JI [illegible] 민주 [illegible] "與野 [illegible]

末期 ------ (　　　　), 本色 ------ (　　　　)

未收 ------ (　　　　), 安全 ------ (　　　　)

빈 칸에 알맞은 한자를 쓰세요.

본	부
	部

말	일
	日

미	안
	安

안	정
	定

동화를 읽고, 빈 칸에 알맞은 한자를 쓰세요.

나는 동헌에 앉아 있는데 어떻게

조선 시대에 정봉이란 사람이 있었다.
연산군에게 바른 말을 하다 귀양을 갔다가 친구인 성희안
일행이 연산군을 몰아내자 서울로 돌아왔다.
훗날 정봉은 정승이 된 성희안의 추천으로 경상도 청송 군수가
되었다. 정봉이 고을을 다스리고 있을 때,
친구이자 은인인 성희안이 편지로 부탁을 해 왔다.
"청송 땅에 꿀과 잣이 많이 난다는데 이 달 末까지 좀 보내 주게.
쓸 데가 있어서 그러네."
백성들에게 꿀과 잣을 빼앗으란 말과 같았다.
정봉은 편지를 읽고 나서 다음과 같은 답장을 썼다.
"本來 (본래)잣은 높은 산에 있고, 꿀은 백성들의 벌통 속에 있는데,
내가 동헌에 앉아서 어찌 그것을 구하겠는가? 未安하네."
답장을 받은 성희안은 부끄러워서 어쩔 줄 몰라했다.

근본 본	끝 말	아닐 미	편안할 안

 필순에 따라 왼쪽의 한자를 쓰고, 획수를 써 보세요.

본 本				획
말 末				획
미 未				획
안 安				획

서로 알맞은 것끼리 선을 이으세요.

아닐	편안할	근본	끝

미 말 안 본

빈 칸에 알맞은 한자를 쓰고,
보기에서 같은 뜻을 찾아 번호를 적으세요.

본	연	지	성
	然	之	性

( )

본	말	전	도
本		顚	倒

( )

미	증	유
	曾	有

( )

안	빈	낙	도
	貧	樂	道

( )

보기

❶ 중요한 것과 대수롭지 않은 것이 뒤 바뀜.
❷ 아직까지 있어본 적이 없음.
❸ 사람이 본래부터 지니고 있는 순수한 마음.
❹ 가난하지만 마음을 닦아서 즐겁게 지낸다.

장님에게는 설명을 잘해야지

개인별 · 능력별 학습 프로그램

C 단계 교재 C106a-C120b

이번 주에 배울 한자

交	親	反	對
사귈 교	친할 친	돌이킬 반	마주볼 대

금주평가	읽기	쓰기	이번 주는?
	Ⓐ 아주 잘함	Ⓐ 아주 잘함	· 학습방법 ① 매일매일 ② 가끔 ③ 한꺼번에 - 하였습니다.
	Ⓑ 잘함	Ⓑ 잘함	· 학습태도 ① 스스로 잘 ② 시켜서 억지로 - 하였습니다.
	Ⓒ 보통	Ⓒ 보통	· 학습흥미 ① 재미있게 ② 싫증내며 - 하였습니다.
	Ⓓ 부족함	Ⓓ 부족함	· 교재내용 ① 적합하다고 ② 어렵다고 ③ 쉽다고 - 하였습니다.

♣ 지도 교사가 부모님께	♣ 부모님이 지도 교사께

종합평가	Ⓐ 아주 잘함	Ⓑ 잘함	Ⓒ 보통	Ⓓ 부족함

원교 반 이름 전화

기초 탄탄한 교육 · 기초 탄탄한 학습
기탄교육
www.gitan.co.kr/ (02)586-1007(대)

지난 주에 배운 한자를 큰 소리로 읽으면서 써 보세요.

근본 본	근본 본	근본 본	근본 본	근본 본
本	本	本	本	本

끝 말	끝 말	끝 말	끝 말	끝 말
末	末	末	末	末

아닐 미	아닐 미	아닐 미	아닐 미	아닐 미
未	未	未	未	未

편안할 안	편안할 안	편안할 안	편안할 안	편안할 안
安	安	安	安	安

이번 주에 배울 한자를 큰 소리로 읽어 보세요..

사귈 교(交)에 대해 알아봅시다.

교라고 읽습니다.
사귄다는 뜻입니다.

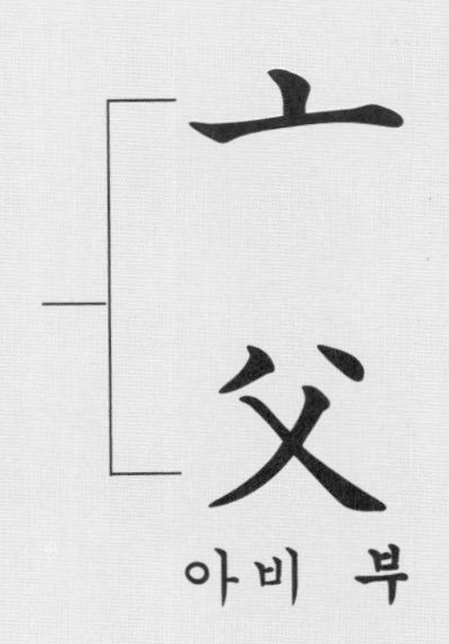

다리를 서로 엮으면서 사귀고 있습니다.

● 빈 칸에 알맞은 글을 쓰세요.

交는 ☐ 라고 읽습니다.

필순에 따라 交를 바르게 쓰세요.

총 6획

交 ①②③④⑤⑥	交	交	交	交
交	交	交	交	交

●뜻과 음을 소리내어 읽으면서 交를 쓰세요.

사귈 교	사귈 교	사귈 교	사귈 교	사귈 교
交	交	交	交	交

●빈 칸에 알맞은 한자와 뜻, 음을 쓰세요.

交				사귈	교
한자	뜻	음	한자	뜻	음

글을 읽고, 交가 나오는 낱말을 알아봅시다.

혜민이는 쓰던 물건을 交換(교환)하러 갔습니다.
그러나 벼룩 시장에 가는 길이 너무 복잡했습니다.
交通(교통)이 마비될 정도였습니다.
두 길이 交叉(교차)되는 지점에서
누군가가 혜민이를 불렀습니다.
돌아보니, 같은 반 친구인 종수였습니다.

- 交換(교환) : 서로 바꿈
- 交通(교통) : 사람이나 탈것이 오고 가는 일
- 交叉(교차) : 가로 세로로 엇갈림

빈 칸에 알맞은 한자를 쓰세요.

교	환
交	換
	換

교	통
交	通
	通

교	차
交	叉
	叉

흐린 글자를 따라 쓰면서 交를 익히세요.

交는 고라고 읽고, 사귄다라는 뜻입니다.

交는 사람이 다리를 꼬면서 사귄다는

의미로 만들어진 한자입니다.

交의 획수는 총 6획입니다.

뜻과 음을 크게 읽으면서, 交를 쓰세요.

交	交	交	交	交	交
交	交	交	交	交	交

交는 돼지 해머리(亠)부수의 한자입니다.

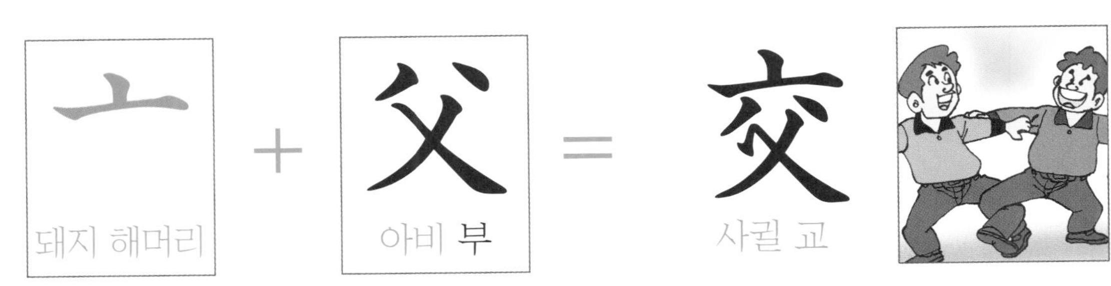

사람이 다리를 꼬면서 사귄다는 것을 나타낸 한자입니다.

한자의 음을 쓰고, 맞는 것끼리 연결하세요.

交換(　　) •	• 사람이나 탈것이 오고 가는 일
交通(　　) •	• 서로 바꿈
交叉(　　) •	• 가로 세로로 엇갈림

交가 나오는 한자를 찾아 ◯표 하세요.

交通　交叉　未安　未熟

친할 친(親)에 대해 알아봅시다.

친할 친

친이라고 읽습니다.
친하다는 뜻입니다.

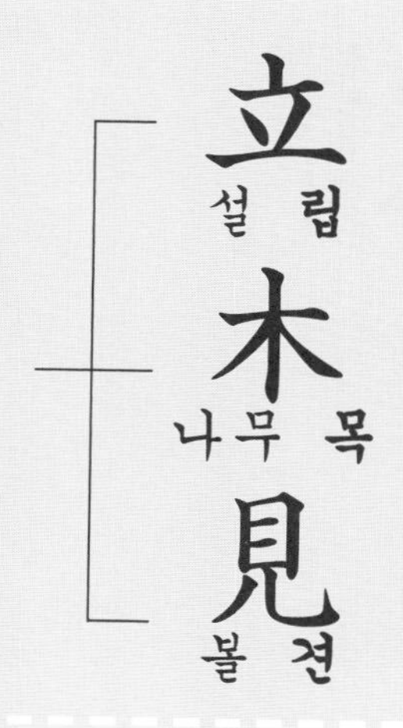

나무와 친하려고 서서 살펴보고 있습니다.

● 빈 칸에 알맞은 글을 쓰세요.

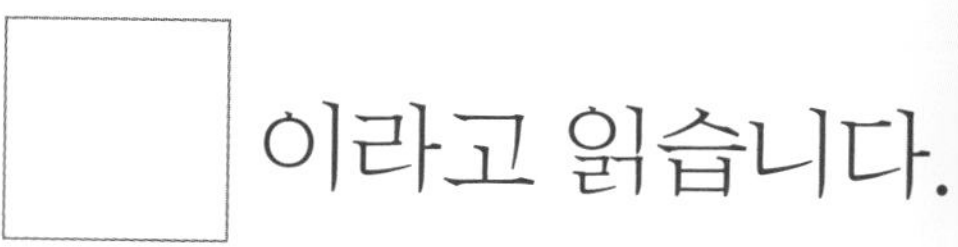

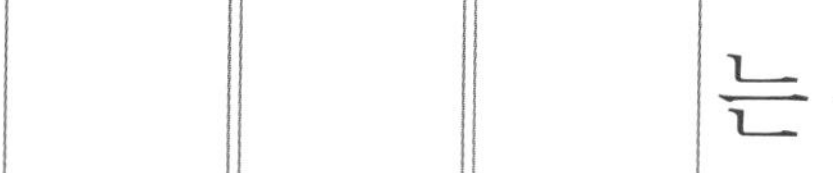

는 뜻입니다.

C109b

필순에 따라 親을 바르게 쓰세요.

총 16획

親	親	親	親	親
親	親	親	親	親

● 뜻과 음을 소리내어 읽으면서 親을 쓰세요.

친할 친	친할 친	친할 친	친할 친	친할 친
親	親	親	親	親

● 빈 칸에 알맞은 한자와 뜻, 음을 쓰세요.

親				친할	친
한자	뜻	음	한자	뜻	음

저녁 때였습니다. 누군가가 아버지를 찾아왔습니다.
"네 父親(부친)은 안 계시니?"
"예. 그런데 아버지 親舊(친구)세요?"
내가 묻자, 그 사람은 이렇게 대답했습니다.
"그냥 親分(친분)이 있는 사이란다."
내가 아버지께서 돌아오실 시간을 말씀드리자
그 분은 그냥 돌아갔습니다.

- 父親(부친):아버지
- 親舊(친구):친하게 지내는 동무
- 親分(친분):친밀한 정분

부	친
父	親
父	

친	구
親	舊
	舊

친	분
親	分
	分

흐린 글자를 따라 쓰면서 親을 익히세요.

親은 친이라고 읽고, 친하다 라는 뜻입니다.

親은 나무와 친한 사람은 나무 주위에 서서

잘 살펴본다는 의미로 만들어진 한자입니다.

親의 획수는 총 16 획입니다.

뜻과 음을 크게 읽으면서 親을 쓰세요.

親	親	親	親	親	親
親	親	親	親	親	親

親은 볼 견(見) 부수의 한자입니다.

나무와 친한 사람은 나무 주위에 서서 잘 살펴본다는 뜻의 한자입니다.

한자의 음을 쓰고, 맞는 것끼리 연결하세요.

父親(　　)	아버지
親舊(　　)	친밀한 정분
親分(　　)	친하게 지내는 동무

親이 들어 있는 낱말을 찾아 ○표 하세요.

來日　往往　父親　親分

돌이킬 반(反)에 대해 알아봅시다.

반이라고 읽습니다.
돌이킨다는 뜻입니다.

두 손으로 바위를 뒤집어 엎습니다.

● 빈 칸에 알맞은 글을 쓰세요.

反은 ☐ 이라고 읽습니다.

☐☐☐☐ 는 뜻입니다.

필순에 따라 反을 바르게 쓰세요.

총 4획

反 ①②③④	反	反	反	反

● 뜻과 음을 소리내어 읽으면서 反을 쓰세요.

돌이킬 반	돌이킬 반	돌이킬 반	돌이킬 반	돌이킬 반
反	反	反	反	反

돌이킬 반	돌이킬 반	돌이킬 반	돌이킬 반	돌이킬 반
反	反	反	反	反

● 빈 칸에 알맞은 한자와 뜻, 음을 쓰세요.

反		
한자	뜻	음

	돌이킬	반
한자	뜻	음

글을 읽고, 反이 나오는 낱말을 알아봅시다.

어제 나는 참 많은 反省(반성)을 했습니다.
왜냐하면 용돈을 줄여쓰자는 가족들에게
反對(반대)만 했기 때문입니다.
아버지께서 직장을 잃어 힘들어 하시는 데도 말입니다.
"너는 가족을 背反(배반)한 거야."
형이 이렇게 말했을 때,
내 마음은 찢어질 듯이 아팠습니다.

- 反省(반성) : 자기가 한 일을 뉘우침
- 反對(반대) : 찬성하지 아니함
- 背反(배반) : 믿음과 의리를 저버리고 돌아섬

빈 칸에 알맞은 한자를 쓰세요.

반	성	반	대	배	반
反	省	反	對	背	反
	省		對	背	

흐린 글자를 따라 쓰면서 反을 익히세요.

反은 반이라고 읽고, 돌이킨다라는 뜻입니다.

反은 바위를 들어 엎는다는

의미로 만들어진 한자입니다.

反의 획수는 총 4획입니다.

뜻과 음을 크게 읽으면서,反을 쓰세요.

反					

反은 또 우(又) 부수의 한자입니다.

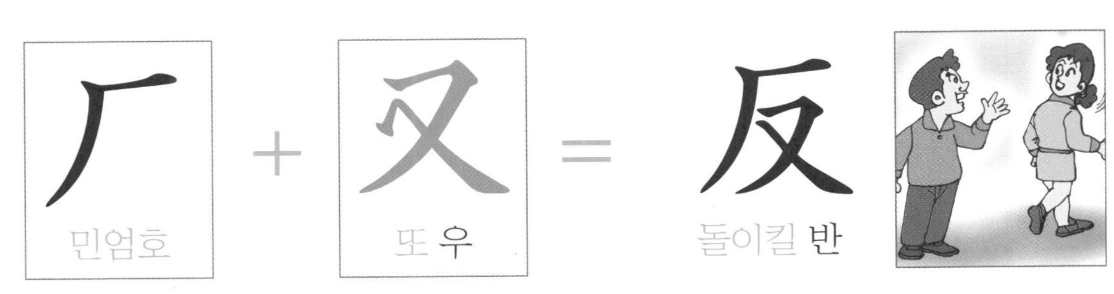

바위를 들어엎는다는 뜻의 한자입니다.

한자의 음을 쓰고, 맞는 것끼리 연결하세요.

反省(　　) •	•	믿음을 저버리고 돌아섬
反對(　　) •	•	자기가 한 일을 뉘우침
背反(　　) •	•	찬성하지 아니함

反이 나오는 한자를 찾아 ○표 하세요.

反省　親舊　親分　背反

마주볼 대(對)에 대해 알아봅시다.

마주볼 대

대라고 읽습니다.
마주본다는 뜻입니다.

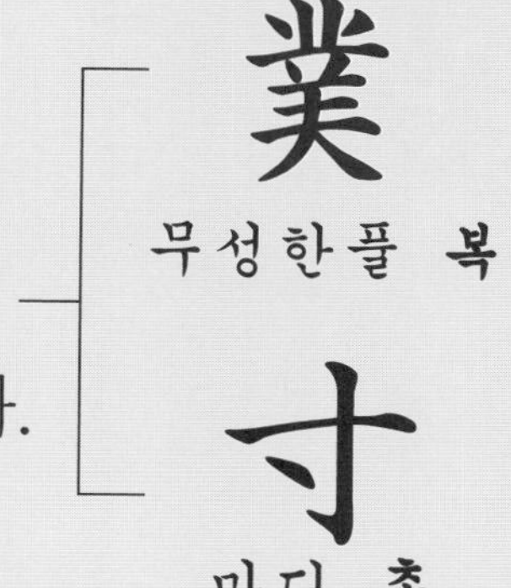

무성한풀 복

마디 촌

무성한 풀을 손마디에 마주 들고 있습니다.

●빈 칸에 알맞은 글을 쓰세요.

對는 [ ] 라고 읽습니다.

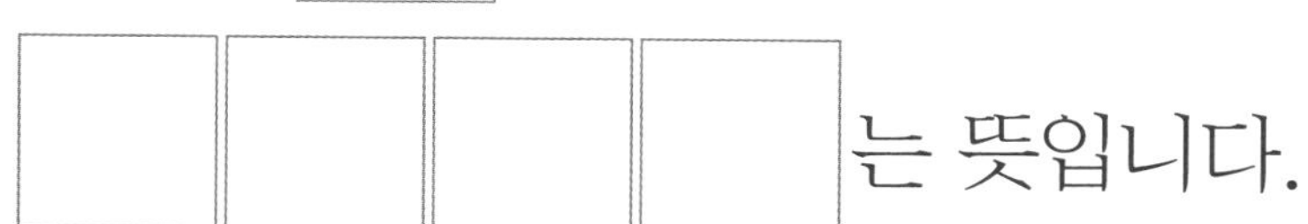

[ ][ ][ ][ ] 는 뜻입니다.

C114b

필순에 따라 對를 바르게 쓰세요.

총 14획

對	對	對	對	對
對	對	對	對	對

● 뜻과 음을 소리내어 읽으면서 對를 쓰세요.

마주볼 대	마주볼 대	마주볼 대	마주볼 대	마주볼 대
對				

● 빈 칸에 알맞은 한자와 뜻, 음을 쓰세요.

對		
한자	뜻	음

	마주볼	대
한자	뜻	음

글을 읽고, 對가 나오는 낱말을 알아봅시다.

"야호!"
산에서 소리를 쳤더니
메아리가 對答(대답)했어요.
산길을 걷다가 스님 한 분과
對面(대면)했지요.

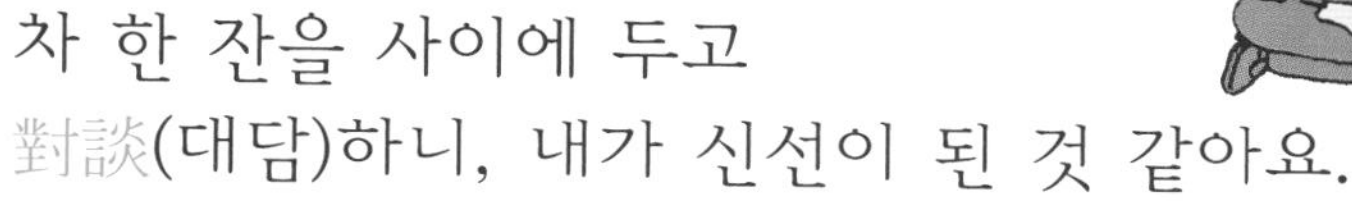

차 한 잔을 사이에 두고
對談(대담)하니, 내가 신선이 된 것 같아요.

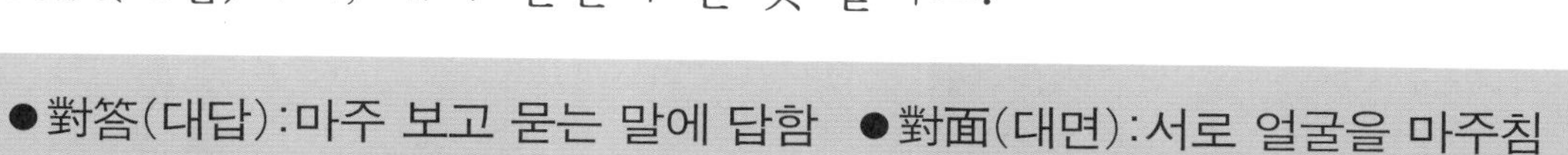

- 對答(대답): 마주 보고 묻는 말에 답함
- 對面(대면): 서로 얼굴을 마주침
- 對談(대담): 마주 보고 이야기를 나눔

빈 칸에 알맞은 한자를 쓰세요.

대	답	대	면	대	담
對	答	對	面	對	談
	答		面		談

C115b

흐린 글자를 따라 쓰면서 對를 익히세요.

對는 대라고 읽고, 마주 본다라는 뜻입니다.

對는 무성한 풀을 손마디로 쥐고 마주 보고 있다는

의미로 만들어진 한자입니다.

對의 획수는 총 14획입니다.

뜻과 음을 크게 읽으면서, 對를 쓰세요.

對	對	對	對	對	對
對	對	對	對	對	對

對는 마디 촌(寸)부수의 한자입니다.

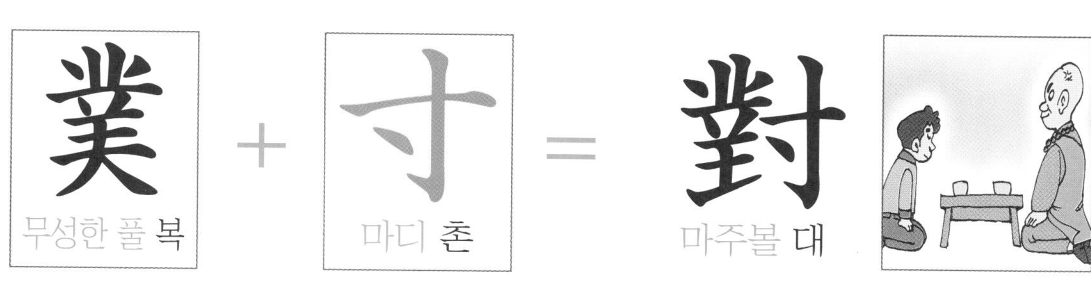

무성한 풀을 손마디로 쥐고 마주보고 있다는 뜻의 한자입니다.

한자의 음을 쓰고, 맞는 것끼리 연결하세요.

對答(　　) •	•	마주 보고 묻는 말에 답함
對面(　　) •	•	서로 얼굴을 마주침
對談(　　) •	•	마주 보고 이야기를 나눔

對가 나오는 낱말을 찾아 ○표 하세요.

對答　背反　對面　對談

C116b

뜻과 음을 읽으면서, 이번 주에 배운 한자를 쓰세요.

사귈 교	사귈 교	사귈 교	사귈 교	사귈 교
交	交	交	交	交

친할 친	친할 친	친할 친	친할 친	친할 친
親	親	親	親	親

돌이킬 반	돌이킬 반	돌이킬 반	돌이킬 반	돌이킬 반
反	反	反	反	反

마주볼 대	마주볼 대	마주볼 대	마주볼 대	마주볼 대
對	對	對	對	對

서로 맞는 것끼리 선을 이어 보세요.

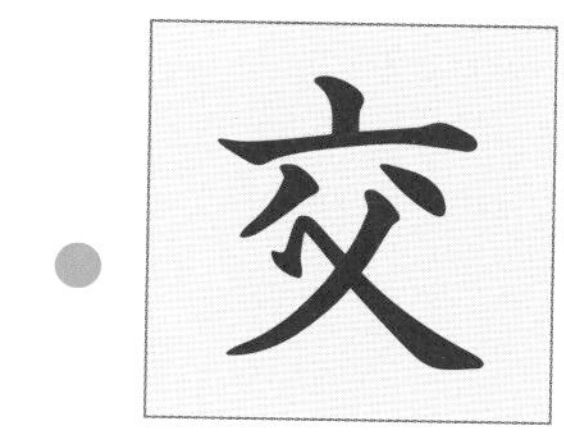

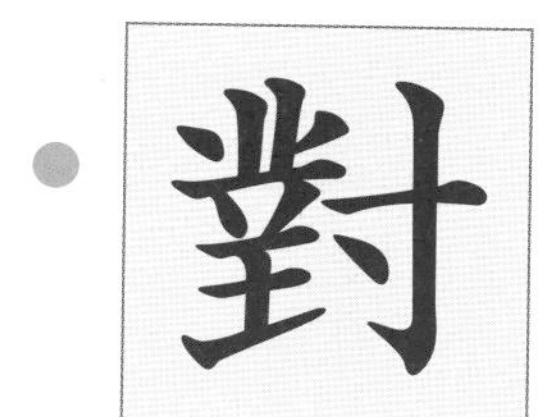

신문 제호를 읽고 빈칸에 한자의 음을 쓰세요.

북한과 交流 시작!

親分을 가장한 강도

국민을 背反한 부패 관리

빙상에서 對面한 라이벌

방위 로비 양상

논리로 얼룩" 우려

단적인 예가 7일 한미 외무장 회담에서 콜린 파월 국무장관 이정빈(李廷彬)외교통상부장 에게 한국의 차세대전투기(F)사업 기종으로 보잉사의 F15 를 채택해 줄 것을 요청한 것. 정부 관계자는 "대부정 [illegible] 한미 정 [illegible] 회담에서 [illegible] 론했을 때 [illegible] "며 "파월장관이 회담 말미에 나가는 말로 이를 언급했고 그 현이 대단히 완곡했다고 하더 도 상대방은 압박을 느끼지 않 수 없다"고 털어놓았다.

올해 한국은 FX, 공격용 헬기 AHX), 대공미사일(SAM-X) 업 등 10조원대의 대형 사업을

온 자민련 김종필(金鍾泌)명예총재가 양당을 같이 비판하며 '공생론'을 들고 나왔다.

김명예총재는 17일 청주에서 열린 [illegible] "20세기는 [illegible] 는 대 [illegible] '네가 [illegible] 의 세기"라며 "여야도 이제 공생의 철학으로 상생의 정치를 펴야 한다"고 강조했다.

그는 또 "국가발전을 위해서는 작은 것이라도 흠을 들추지 [illegible]

[illegible] F15K와 프랑스 닷소사의 라팔, 러시아 로스브로제니예사의 수호이 35/37, 유럽 컨소시엄의 유러파이터 2000이 각축을 벌이고 있다.

보잉사는 이 사업 수주를 위해 최근 한국 언론에 F15K 광고를 낸데 이어 토머스 [illegible] (전 국무차관)이 [illegible]

는 주장을 놓고 여야간에 공방이 가열되고 있다.

민주당은 보고서 폐기 여부를 밝히기 위한 국회 차원의 국정조사를 추진 중이다. 만약 보고서 폐기가 [illegible] 않은 [illegible] 국정조사 [illegible] 는 주장이다.

민주당은 그러면서 은근히 한나라당을 압박하고 있다. 한나라당이 현재 진행 중인 언론사 세무조사를 '언론 길들이기'라고 비난하지만 알고 보면 한나라당 자신이 여당 시절 같은 의도로 세무조사를 했지 않느냐는 것.

"대통령의 방미를 앞두고 (미국제 무기에 대한) 부정적인 여론이 조성되면 안된다"는 말이 나돌았다. 이 때문에 군 안팎에서는 한국의 전력증강사업이 또다시 정치논리로 얼룩질 가능성을 우려하는 목소리가 흘러나오고 있다. 〈이철희기자〉

권노갑씨 받은 '마틴 루터 킹 자유인권상'

이 賞의 진상은…

LA 민간단 [illegible]

YS-고르바초프가 받은

[illegible] 역 흑인 지도자인 래리 그랜트가 회장을 맡고 있으며, 킹 목 [illegible]

[illegible] 외빈인 '그랜드 마셜'로 참석했다.

權씨측 "킹센터 말한적 없다"

[illegible] 이에 대해 권 전 최고위원측 [illegible] 18일 "우리는 문제의 상이 [illegible] 센터에서 주는 상이라고 말한 적이 없고, 더욱이 김영삼 전 대통령과 고르바초프가 받은 상이라고 말한 적도 없다"고

交流 ----------- (　　　　), 親分 ----------- (　　　　)

背反 ----------- (　　　　), 對面 ----------- (　　　　)

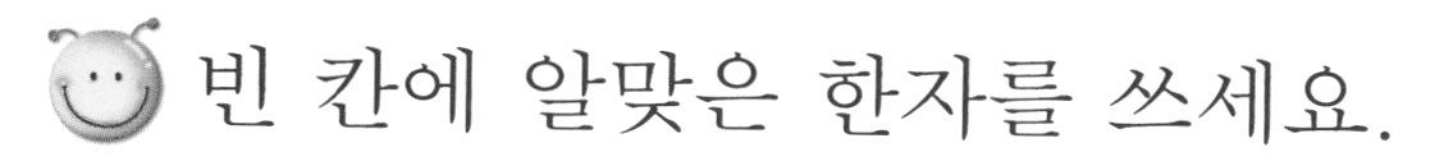

빈 칸에 알맞은 한자를 쓰세요.

교	환
	換

반	성
	省

동화를 읽고, 빈 칸에 알맞은 한자를 쓰세요.

어느 영주의 부인

실제로 있었던 일이다.
옛날 영국의 한 고을을 다스리는 영주가
가난한 사람들에게 너무 많은 세금을 거두었다.
그러나 가난한 사람들과 스스럼 없이 交流하고
그들과 親舊처럼 지내던 영주 부인은
영주에게 세금을 낮추라고 간청했다.
"왜 反對만 하오? 그럴 수는 없소.
당신이 알몸으로 시내를 돌아다닌다면 몰라도……"
물론 이것은 영주가 농담으로 한 말이었다.
그러나 영주 부인은 무언가를 결심한듯 입술을 깨물더니
곧 옷을 훌훌 벗고 밖으로 뛰어 나갔다.
고을 시민들은 이 소문을 듣고, 더욱 그녀를 존경했으며,
영주 역시 약속대로 세금을 낮추었다.

사귈 교	친할 친	돌이킬 반	마주할 대

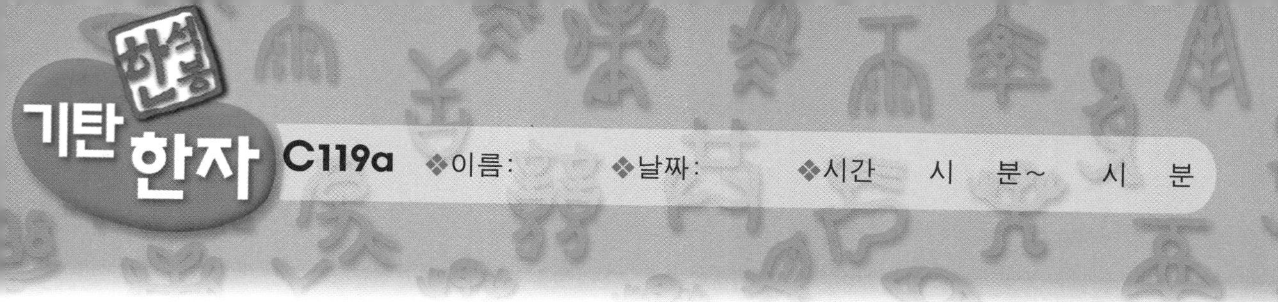

필순에 따라 왼쪽의 한자를 쓰고, 획수를 써 보세요.

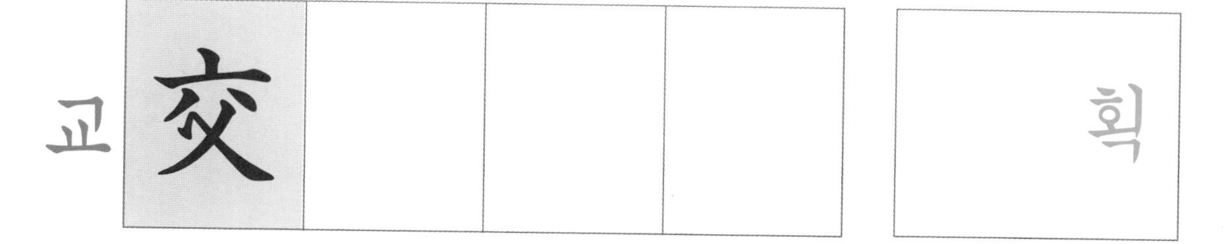

음	한자				획수
고	交				획
친	親				획
반	反				획
대	對				획

서로 알맞은 것끼리 선을 이으세요.

친할	마주볼	사귈	돌이킬

반	친	교	대

이 달에 배운 한자를 다시 한 번 써보세요.

한자			
河 물 하			
江 강 강			
海 바다 해			
洋 바다 양			
松 소나무 송			
林 수풀 림			
間 사이 간			
分 나눌 분			

한자			
本 근본 본			
末 끝 말			
未 아닐 미			
安 편안할 안			
交 사귈 교			
親 친할 친			
反 돌이킬 반			
對 마주볼 대			

한석봉
기탄 한자
C120b

반대로 가고 있거든요

아저씨, 저 좀 태워 주실래요?
타실래면 타세유.

참 親切(친절) 하시네요.
남들이 그렇다고는 해유.

대전까지 얼마나 걸릴까요?
글씨... 한 시간은 걸릴 걸유.

그래요? 한숨 자도 되겠구나.
그러세유.

이제 얼마 더 가면 대전에 닿나요?
한 시간 반은 더 가야 될 걸유?

아깐 한 시간이면 된다고 했잖아요?
이 차는 反對 방향으로 가고 있걸랑유.

부록

한자 복습 C-2

뜻과 음, 한자를 바르게 쓰고, 부수 한자를 익히세요.

河	氵부수 한자				
	물 하				
江	氵부수 한자				
	강 강				
海	氵부수 한자				
	바다 해				
洋	氵부수 한자				
	큰바다 양				
松	木부수 한자				
	소나무 송				
林	木부수 한자				
	수풀 림				
間	門부수 한자				
	사이 간				
分	刀부수 한자				
	나눌 분				

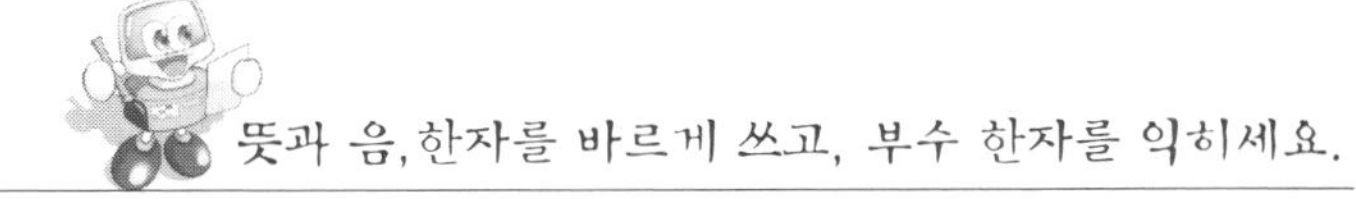
뜻과 음, 한자를 바르게 쓰고, 부수 한자를 익히세요.

本	木부수 한자				
	근본 본				
末	木부수 한자				
	끝 말				
未	木부수 한자				
	아닐 미				
安	宀부수 한자				
	편안할 안				
交	亠부수 한자				
	사귈 교				
親	見부수 한자				
	친할 친				
反	又부수 한자				
	돌이킬 반				
對	寸부수 한자				
	마주볼 대				

부록

한자 복습 C-2

뜻과 음, 한자를 바르게 쓰고, 부수 한자를 익히세요.

한자	뜻 / 음				
本	뜻 음	本	本	本	本
末	뜻 음	末	末	末	末
未	뜻 음	未	未	未	未
安	뜻 음	安	安	安	安

한자 복습 C-2

뜻과 음, 한자를 바르게 쓰고, 부수 한자를 익히세요.

交	뜻 음	交	交	交	交
親	뜻 음	親	親	親	親
反	뜻 음	反	反	反	反
對	뜻 음	對	對	對	對

한자 복습 C-2

뜻과 음, 한자를 바르게 쓰고, 부수 한자를 익히세요.

松	뜻 / 음	松	松	松	松
林	뜻 / 음	林	林	林	林
間	뜻 / 음	間	間	間	間
分	뜻 / 음	分	分	分	分

부록

한자 복습 C-2

뜻과 음, 한자를 바르게 쓰고, 부수 한자를 익히세요.

河	뜻 음	河	河	河	河
海	뜻 음	海	海	海	海
江	뜻 음	江	江	江	江
洋	뜻 음	洋	洋	洋	洋

한자 복습 C-2

뜻과 음, 한자를 바르게 쓰고, 부수 한자를 익히세요.

한자	뜻/음				
巨	뜻				
	음				
臣	뜻				
	음				
主	뜻				
	음				
客	뜻				
	음				
永	뜻				
	음				
新	뜻				
	음				
保	뜻				
	음				
存	뜻				
	음				

한자 복습 C-2

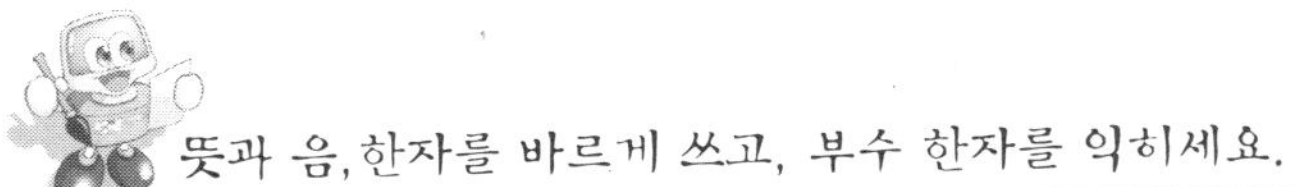

뜻과 음, 한자를 바르게 쓰고, 부수 한자를 익히세요.

한자	뜻/음				
友	뜻				
	음				
情	뜻				
	음				
知	뜻				
	음				
思	뜻				
	음				
意	뜻				
	음				
志	뜻				
	음				
成	뜻				
	음				
功	뜻				
	음				